Paris
1869

Chevalier, Ulysse (éd.)

Inventaire des archives des dauphins à Saint-André de Grenoble en 1277

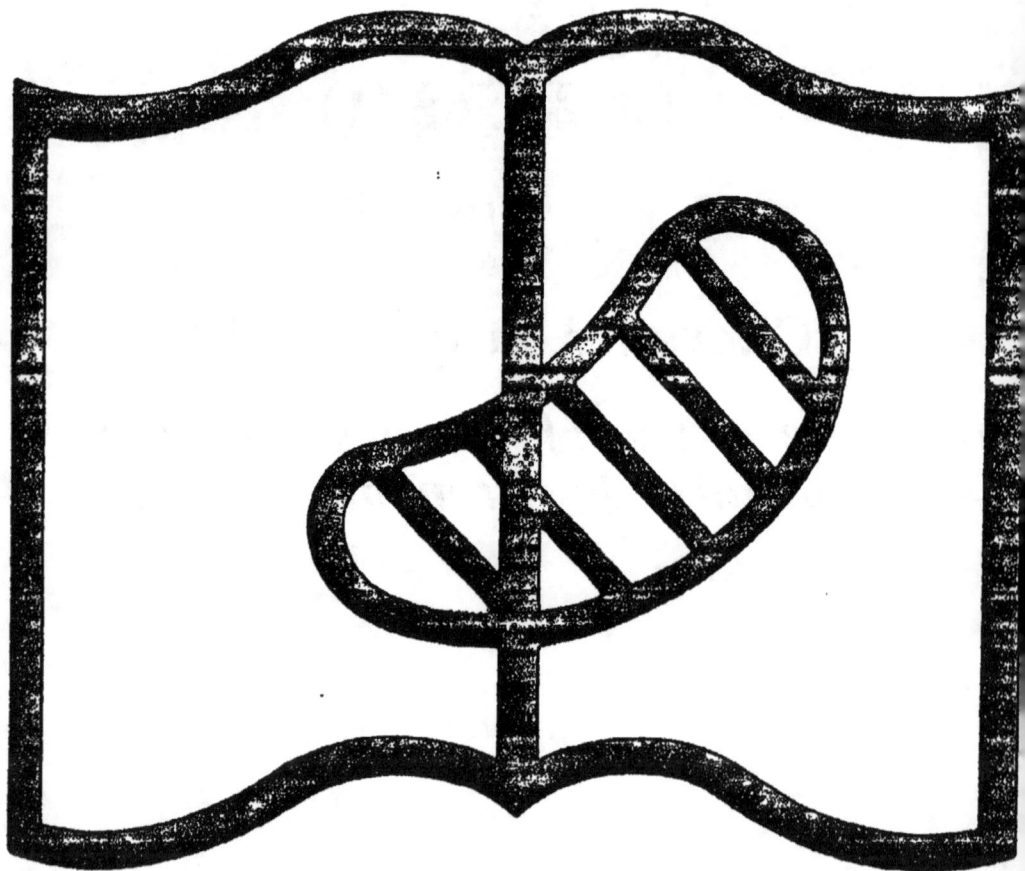

Symbole applicable
pour tout, ou partie
des documents microfilmés

Original illisible

NF Z 43-120-10

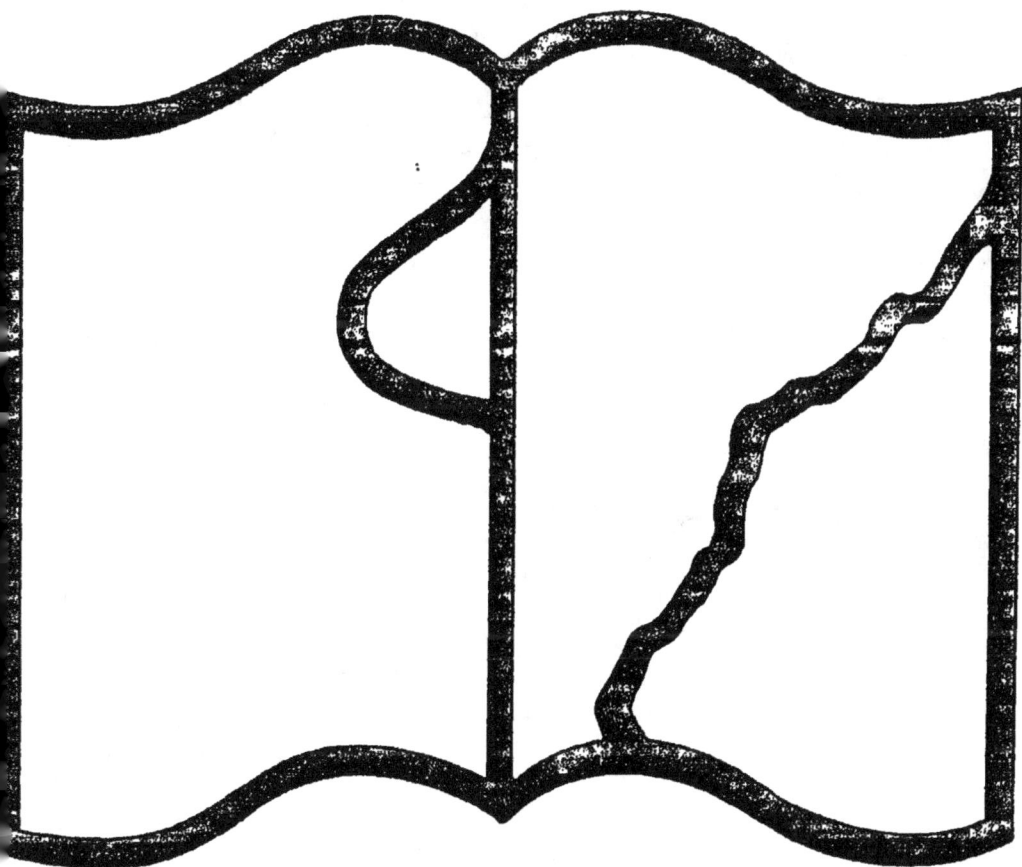

**Symbole applicable
pour tout, ou partie
des documents microfilmés**

Texte détérioré — reliure défectueuse

NF Z 43-120-11

DOCUMENTS HISTORIQUES INÉDITS

SUR LE DAUPHINÉ

INVENTAIRE

DES

ARCHIVES DES DAUPHINS

A SAINT-ANDRÉ DE GRENOBLE EN 1277

PUBLIÉ D'APRÈS L'ORIGINAL

AVEC TABLE ALPHABÉTIQUE ET PIÈCES INÉDITES

PAR C.-U.-J. CHEVALIER

Prêtre

Correspondant du Ministère de l'Instruction publique
pour les Travaux historiques et archéologiques.

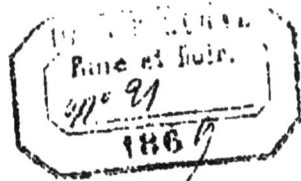

PARIS
LIBRAIRIE A. FRANCK
67, rue Richelieu

LYON
LIBRAIRIE A. BRUN
13, rue du Plat

M DCCC LXIX

TIRÉ A 350 EXEMPLAIRES.

Nᶜ

NOGENT-LE-ROTROU, IMPRIMERIE DE A. GOUVERNEUR.

INVENTAIRE

DES ARCHIVES DES DAUPHINS

A SAINT-ANDRÉ DE GRENOBLE

EN 1277.

———

Tous les inventaires et catalogues que nous a légués le moyen-âge, quel qu'en soit l'objet (livres, manuscrits, chartes, mobilier), ont leur prix aux yeux des savants. La liste des documents de ce genre qui ont été publiés serait longue, et l'ardeur des érudits à en mettre au jour d'inconnus est loin de se lasser : c'est qu'en effet ils abondent d'ordinaire en renseignements précieux pour la bibliographie, l'histoire, la statistique ou l'ornementation. Celui que nous offrons aux amateurs dans cet opuscule sera, nous l'espérons, d'autant mieux accueilli qu'il est un des rares spécimens que fournissent, dans ce genre, les archives de l'ancien Dauphiné.

L'original s'en conserve aux archives de la Préfecture de l'Isère (fonds de la Chambre des comptes), où, grâce à l'obligeance de son conservateur, l'honorable M. Pilot, nous avons eu toute facilité pour le copier et le collationner avec soin. Il se compose d'une suite de quatre peaux de parchemin, de 27 cent. de large, réunies bout à bout par des lemnisques entrecroisées et formant une longueur totale de 2 mètres o6 cent.; chacune d'elles a été rédigée par un notaire différent et porte à la fin son attestation d'authenticité. Sur le dos de la première peau, outre le titre que nous reproduisons plus loin en tête du texte, nous avons aperçu l'invocation sᵖs sĉs (*Spiritus sanctus*), quelques mots incohérents et la note suivante : « C'est l'Inventaire des papiers du prince Dauphin treuves dans l'eglise de Sᵗ Andre en l'annee 1277 et au mois d'aoust ». L'écriture du texte est fine, surchargée d'abréviations qui rendent d'autant plus difficile la lecture de ce document du xiiiᵉ siècle, plein de noms et de faits.

Le préambule nous apprend que, le jeudi 26 août 1277, on procéda au récolement des documents originaux et autres qui furent trouvés dans l'armoire placée derrière l'autel de l'église Saint-André de Grenoble; dom Barthélemy, prieur de Saint-Laurent de Grenoble, frère Humbert d'Allevard, gardien des Frères-Mineurs de Moirans, et Jacques de Ravenne, jurisconsulte, présidèrent à cette opération, sur le commandement de la grande Dauphine Béatrix de Savoie, tutrice alors de son fils encore mineur, le dauphin Jean Iᵉʳ. On partagea toutes ces pièces, relatives aux comtes de Vienne et d'Albon, en plusieurs séries : a) chartes de reconnaissances de fiefs et autres aveux; b) achats, échanges, donations et autres acquisitions; c) priviléges pontificaux et impériaux; d) accords, arrangements, pactes, compromis, conventions, gratifications, etc.; e) garanties, obligations, testaments, promesses, etc. : le tout formant 297 articles[1], mais représentant un bien plus grand nombre d'actes, car les nᵒˢ 69 et 110, par exemple, en comprennent chacun huit.

Les notaires, chargés de la rédaction de cet Inventaire, avaient reçu mission de spécifier le motif et l'objet (*intentionem et causam*) de chaque titre, avec les noms des contractants; ils se sont renfermés scrupuleusement, on peut le dire, dans leurs instructions, et on chercherait vainement une seule date dans cette longue énumération d'analyses très-sommaires. Un triage préparatoire, indiqué par la classification ci-dessus, précéda sans doute leur travail, mais nous

---

1. Les numéros 42, 217, 233 et 283 sont doubles.

ne voyons pas qu'ils aient mis d'autre soin que de faire suivre les pièces que leur nature connexe avait réunies.

Tel qu'il est et malgré sa sécheresse, cet Inventaire ne laissera pas d'être important pour l'histoire du Dauphiné et des contrées environnantes : bien des pièces qu'il mentionne n'existent plus depuis longtemps et seraient vainement cherchées ailleurs. Ce ne sont pas les seules, il est vrai, dont on ait à regretter la perte. La terrible inondation de septembre 1219 fut fatale, on se le rappelle, aux archives delphinales, et Guigues-André, pour réparer en partie cette perte, irréparable pour notre histoire, et en atténuer à ses successeurs les effets, s'empressa d'obtenir de ses sujets une reconnaissance générale, constatant les obligations auxquelles ils étaient tenus envers lui. On ne s'étonnera donc point que la plus grande partie des chartes mentionnées dans ce document soient postérieures à ce désastreux fléau; elles restent ainsi·confinées dans une période d'environ soixante ans, pour laquelle, en raison de leur nombre et de leur objet, elles sont appelées à mériter souvent l'attention des érudits.

Pour rendre les recherches plus attrayantes et plus faciles, outre l'addition d'une série numérique qui ne figure naturellement pas dans l'original, nous avons fait suivre le texte d'un index alphabétique accompagné de quelques notes, relatives surtout aux noms actuels des localités mentionnées en grand nombre dans cet Inventaire. Tous les noms de lieux, il faut l'avouer, n'y sont pas faciles à reconnaître: la faute en est aussi bien aux inexactitudes des copistes et à quelques incertitudes de lecture que nous laisse leur travail, qu'à l'absence toujours plus vivement sentie d'un bon dictionnaire topographique du Dauphiné. Puissent nos travaux dans le champ, quelque peu inculte jusqu'ici, des documents originaux, engager un érudit à coordonner les nombreux renseignements qu'ils fournissent à cet égard !

Malgré l'absence regrettable de notes chronologiques dans ces analyses, il en est beaucoup qui peuvent être identifiées avec leur texte imprimé ou manuscrit; pour d'autres, il est vrai, ce travail de reconnaissance n'est pas sans difficultés : nous l'aurions cependant abordé ici, malgré les développements qu'il eut exigés, sans l'espérance d'utiliser les indications de cet Inventaire et d'en discuter les attributions douteuses dans un ouvrage d'ensemble sur la diplomatique du Dauphiné.

Dans le désir de ne pas trop faire attendre la publication de quelques pièces inédites, assez intéressantes, relatives aux dauphins de la période qui correspond aux actes analysés dans cet Inventaire, nous avons cru opportun d'en donner ici le texte en appendice. Chacune d'elles est suivie de notes explicatives, qui compenseront l'absence d'un index alphabétique que ne comportait pas leur petit nombre.

Romans, 14 février 1869.

INVENTARIUM

TITULLORUM EXISTENCIUM

INFRA ECCLESIAM SANCTI ANDREE GRACIONOPOLIS

DE ARCHA GRACIONOPOLIS.

ANNO Domini millesimo ducentesimo septuagesimo septimo, die jovis post festum beati Bartholomei, quod est vi° die exeunte mense augusti, inventa fuerunt in armario Sancti Andree Gracionopolis, post altare ipsius ecclesie, instrumenta et lictere (*add.* et privilegia) infrascripte per religiosos viros dom. B(artholomeum), priorem Sancti Laurentii Gracionopolis, et fratrem Humbertum, gardianum Fratrum Minorum de Moyrenco, et per Jacobum de Ravenna jurisperitum, ad ea specialiter deputatos de mandato illustris domine B(eatricis), Vienn(ensis) et Albon(ensis) comitisse et domine Fucigniaci; quorum instrumentorum et licterarum intentionem et causam cum nominibus contrahencium fecerunt predicti redigi per notarios infrascriptos in unam compilacionem, cum signis eorumdem ad perpetuam memoriam et ne possint de facili deperire.

§ Et primo inventa sunt instrumenta seu carte de recognicione feudorum et aliarum recognicionum que inferius continentur : — In primis, instrumentum super recognicione feudi quam fecit domina Galburgia illustri dom⁰ B(eatrici) Viennen. et Albonis comitisse ac domine Fucigniaci. — 2. Item, carta super recognicione feodi Castri Novi in Viennesio. — 3. Item, carta Osesicce et filii super recognicione castri de Montilons. — 4. Item, carta dom⁰ G(uigonis) delphini super hiis quibus tenetur archiepiscopo Viennensis ecclesie. — 5. Item, carta recognicionis et pactorum super feudo de Crista et De Ajua. —

6. Item, carta de reddicione castrorum quam fecit Bertrandus de Melleone dom° comitisse. — 7. Item, carta Fromundi Berengarii de recognicione castri de Vado et Darna et bastia de Avana. — 8. Item, carta recognicionis dom¹ P. de Ponte de omnibus que habet in parrochia de Alevin. — 9. Item, carta Lamtermi de Valserra de recognicione feudi de Avangone. — 10. Item, carta quod Arnaudus Guelins accepit in feudum a dom° delphino ea que habebat in castro de Bello Respectu. — 11. Item, carta de recognicione facta a Petro de Morgiis dom° G(uigoni) delphino, quod tenet in feudum ab eodem G(uigone) castrum de Vado cum suo mandamento et castrum de Darna et bastiam de Avana et c(etera). — 12. Item, carta recognicionis dom° B(eatricis) Viennen. et Albonis comitisse facte Reymondo de Meollino in castris de Lachal (et) de Balaion Lotron. — 13. Item, due carte de recognicione feudorum quam fecit Guigo de Rupecula dom° G(uigoni) delphino. — 14. Item, carta recognicionis et pactionis castri de Crista et aliis, quas fecit dom. G(uigo) delphinus dom° episcopo Diensi. — 15. Item, lictera de recognicione feudi de Erasio. — 16. Item, carta de recognicione feudi de Moyrenco et convencionum ne dominus de Moirenco posset alienare Castrum Novum nec Raterias sine voluntate dom¹ delphini. — 17. Item, lictere quod dom. Guillelmus de Intermontibus recognovit feudum de Intermontibus dom° delphino et terminavit mandamentum, et pro ipso fecit homagium dom° delphino. — 18. Item, carta de receptione feudi castrorum de Argzentauz et de Annoniaco ab ecclesia Lugdunensi. — 19. Item, carta domini de Turre de recognicione feudorum Viennesii et quibusdam aliis. — 20. Item, carta homagii Lamtelmi et Humberti de Bella Garda, et recognicionis feudorum que tenent in mandamento de Bella Garda. — 21. Item, carta Hugonis Chays de Saxino et Guillelmi fratris ejus, de homagio facto et recognicione plurium rerum facta dom° delphino.—22. Item, carta recognicionis homagii quod debet dom. delphinus capitulo et archiepiscopo Viennens. — 23. Item, carta quod Guido de Brianzon et A(imericus) filius suus recognoverunt dom° Andree se tenere in feudo castellum de Terracia cum toto mandamento et castrum de Geria cum toto mandamento, et generaliter omnia que possident in comitatu Gracionopolitano. — 24. Item, carta quod dominus de Intermontibus juravit quod a nullo terretno domino tenebat castrum de Intermontibus, et ipsum castrum recepit a dom° G(uigone) delphino. — 25. Item, carta de Intermontibus set

alia melior est. — 26. Item, carta de recognicione dominii de Bella Comba facta ab Emerico de Brianzone dom° delphino. — 27. Item, carta recognicionis feudi de Rancurello. — 28. Item, carta super recognicionis recognicione quam fecit dom. A(ndreas) pro feodis ecclesie Vapicensis. — 29. Item, carta recognicionis quam fecerunt dom. Bertrandus de Medullone et dom. B(ertrandus) Reymbaudi de castris de Barreto et de Ribees et aliis. — 30. Item, lictera fidelitatis facte per Jo(hannem) filium dom¹ Petri de Amaysino et recognicione feudi. — 31. Item, carta recognicionis homagii ligii et feudorum illorum de Bardonechia. — 32. Item, carta recognicionis prioris de Rometa. — 33. Item, carta dom¹ Antelmi de Valle Sancti Stephani de recognicione feudorum. — 34. Item, carta de reddicione domus episcopalis, vaccante sede. — 35. Item, carta feudi et domini castri de Bella Garda. — 36. Item, carta feudi quod recepit Emydo de Magna Carreria, civis Viennensis, aput Viannam a dom° delphino. — 37. Item, carta feudi Sancti Andree in Rosano et de Monjays. — 38. Item, carta de donacione et recognicione domus acquisite a Vullenco de Sancto Petro facte Jacelmo de Petra. — 39. Item, carta recognicionis quam fecit dom° delphino Berlio dominus de Turre pro castris de Vignay et Motta Sancti Anthonii. — 40. Item, lictere de recognicione feudi castri et mandamenti de Parys. — 41. Item, procuratorium factum a Vullelmo de Rossillione super tradicione castri de Rupe facienda dom° delphino et recognicione domini. — 42. Item, carta homagii Jordani de Molans. — 42 a. Item, carta de recognicione feudi de Domena facta a Reymondo Berengarii. — 43. Item, lictere super facto Choneti date a Ro.de Intermontibus. — 44. Item, carta P(etri) Eynardi et G(uigonis) fratris sui de recognicione. — 45. Item, carta recognicionis in feudum facte per dom. P(etrum) de Bogio in terra Fuc(igniaci) dom° G(uigoni) delphino de castro Rupis Fortis. — 46. Item, carta de dominio castri Cervie. — 47. Item, carte de recognicione fidelitatis quam fecit dom° G(uigoni) delphino Diderius de Miribello. — 48. Item, carta recognicionis Silvionis Silmonis de Erasio, de domo sua de Erasio et pedagio et omnibus rebus suis que sunt in mandamento de Erasio. — 49. Item, carta quod Guigo Giffredi recognovit se tenere a dom° delphino quicquid habebat in parrochia Sancti Nazarii. — 50. Item, carta recognicionis solucionis facte Rustiquello. — 51. Item, carta recognicionis in feodum de medietate castri de Illino. — 52. Item, lictere promissionis facte dom° comitisse recipienti nomine Jo(hannis) delphini per dom. Bertrandum Reymbaldi dominum de Chalma et Aurea Petra. — 53. Item, instrumentum reddicionis Rupis de Bluen. — 54. Item, instrumentum recognicionis facte dom° delphino per Guillelmum et Rodurfum filios quondam Poncii de Vercolp. — 55. Item, instrumentum recognicionis feudi facte dom° delphino per dom. Symondum de Avilio. — 56. Item, carta recognicionis Bertrandi de Medullone. — 57. Item, carta recognicionis Chaberti de Alexino. — 58. Item, carta recognicionis quod dom. delphinus laudavit acquisiciones factas Roberto de Laveno et Philippo filio ejus de castro Lasfa Merolii et quod in feudum dedit.

† Et ego Aymo de Chessins, publicus notarius auctoritate inperiali, de mandato predict. dom... prioris (add. Sancti Laurencii et) fratris Humberti gardiani Fratrum Minorum de Moyrenco et dom. Jacobi de Ravenna, omnia contenta in presenti cedula scripsi signoque meo signavi in testimonium veritatis.

Secundo de emptionibus, permutationibus et donationibus et aliis acquisimentis: — 59. Et in primis, carta emptionis castri de Aspero Monte, due sunt. — 60. Item, carta donacionis facte dom° G(uigoni) dalphino a dom° Margarita, relicta Bonifacii quondam marchionis Montis Ferrati. — 61. Item, carta permutationis castrorum de Crista et de Dief Adjua, de Clariaco et de Ruppe. — 62. Item, carta permutationis domⁱ dalphini cum dom° Petro Aynardi, de hiis que dom. dalphinus habebat apud Savellum. — 63. Item, carta empcionis castri de Mont Jay. — 64. Item, carta emptionis eorum que dom° Alisia habebat in castro, burgo et mandamento de Vinay. — 65. Item, carta conqueremenți de Cassinatico et alie carte pertinentes ad ipsum factum et ad trecentos solidos assignandos a domino de Brissiaco. — 66. Item, carta emptionis rerum domⁱ Guigonis de Rupecula in valle de Alavardo, et sunt alie de quitatione et solucione precii. — 67. Item, carta empcionis castri de Vorapio. — 68. Item, carta destinata nobilibus baronie Clariaci causa permutationis. — 69. item, quatuor pecie cartarum in quibus sunt octo carte de emptionibus factis nomine domⁱ Johannis dalphini per Odonem Berardi apud Brianzonem. — 70. Item, carta donacionis et quitacionis nobilium de Reorterio quam fecerunt dom° dalphino. — 71. Item, carta obligacionis rerum et possessionum quas habebat Rollandus Devenchi in castro et mandamento de Malaval. — 72. Item, lictere bullate Guillelmi de Antravenis super rebus castri de Sabiaŋ et mandamenti et ville de Realeno. — 73. Item, carta donacionis quam fecit dom° dalphino Rollandus Devenchi de quibusdam censibus. — 74. Item, carta donacionis de Septimo facta a Guillelmo patre de Bel Veer. — 75. Item, carte quas fecit domina Biatrix, uxor comitis Montis Fortis, super vendicione de patrimonio suo et de hiis que habebat in archiepiscopatu Ebredunensi et in episcopatu Văpincensi, tres sunt simul ligate. — 76. Item, carta Rollandi de Maucier, de vendicione quam fecit dom° dalphino de hiis que habebat in civitate Vapinci. — 77. Item, lictere Briandi de Laviaco de concessione castri de Doysieu. — 78. Item, carta Beatricis uxoris quondam dom. dalphini de donacione comitatus Folquarquerii. — 79. Item, carta donacionis quam Guillelmus de Cassinatico fecit dom° dalphino de castro de Rovone et de Rancurello. — 80. Item, carta emptionis facte per dom. comitissam ab abbatissa monasterii Sancti Pauli. — 81. Item, carta vendicionis facte dom° dalphino ab Aymaro de Yserone, de hiis (que) habebat in castro et mandamento de Bello Videre. — 82. Item, carta de concessione castrorum Vapincensium facta dom° dalphino. — 83. Item, carta empcionis castri de Geria. — 84. Item, carta donacionis quam fecit Berta comitissa Montis Ferrati dom° Biatrici comitisse Viennensi. — 85. Item, carta publica quod dom. Bonifacius marchio Montis Ferrati fecit heredem suum dom. G(uigonem) dalphinum. — 86. Item, carta super vendicione rerum Lantelmi Parmer apud Varsiam facta dom. dalphino. — 87. Item, carta vendicionis facte a dom° Berlione de Turre dom° G(uigoni) dalphino de hiis que habebat ad Motàm Sancti Anthonii et in castro et villa et mandamento. — 88. Item, carta permutacionis dom¹ dalphini et dom¹ Raymundi de Beczeya. — 89. Item, carta donacionis facte dom° dalphino per Guichardum fratrem Lombardi de Vinay, de jure quod habebat idem Guichardus in bonis dicti Lombardi. — 90. Item, carta vendicionis rerum de Theysio et de Petra facte dom° dalphino ab Aynarda uxore dom¹ Lantelmi de Meolano. — 91. Item, carta vendicionis quam fecit dom. Leuczo de Pauta Villelmo Curnillon. — 92. Item, carta R(aymundi) Berengarii super remissione castri de Ponte. — 93. Item, lictere donacionis facte dom° dalphino a dom° Artaudo de Russilione et filio ejus, de domo de Landrins et villa de Espinosa. — 94. Item, carta dom° Helene uxoris quondam Berlionis domini de Moyrenco, de donatione quam fecit de jure quod habebat contra heredes dicti Berlionis. — 95. Item, carta emptionis sex sextariorum frumenti et sex denariorum census quos vendidit dom. Guillelmus Tyvoley monachus, quos percipiebat in mandamento Vallis. — 96. Item, carta empcionis domus quondam Raymundi Chauneys Gracionopoli. — 97. Item, carta donacionis facte dom° dalphino a dom° Artaudo de Rossilione et Guillelmo ejus filio de domo de Landrins et de villa de Espinosa. — 98. Item, carta donationis facte dom° dalphino de Petro Gotafrey de Barrauz, quem donaverunt Berlio et Henricus de Bella Comba. — 99. Item, donacio facta dom° dalphino a Guillelmo Bertrandi de Yserone, de hiis que tenebat a Guillelmo de Cassinatico in tenemento et mandamento Rovonis et Armey. — 100. Item, carta vendicionis facte dom° dalphino a dom° Hugone de Porta Trionia, de dominio et seignoria quod et quam habebat in domo Raymundi Calnesii quondam. — 101. Item, carta conqueremenţi facti in castro de Ponte a liberis Bernardi Falconis. — 102. Item, carta donacionis quam fecit Guigo Alam(anni) dom° dalphino, de dom° Bertrando de Engelatis et de feudo quod idem dom. Bertrandus tenebat in Valboneys a dicto G(uigone) Alamanni.

III. Sequitur de privilegiis : — 103. In primis, privilegium dom¹ Alexandri pape, quod dom. G(uigo) dalphinus potest facere celebrare in locis interdictis. — 104. Item, privilegium dom¹ Innocentii pape de eodem. — 105. Item, indulgentia dom¹ Innocentii de protectione dom¹ pape. — 106. Item, indulgentia quod non possit excommunicari. — 107. Item, lictere dom¹ pape quod archiepiscopus Ebredunensis et alii prelati deffendant feuda sua domino. — 108. Item, lictere commissionis super matrimonio filie dom¹ Barralis et dom¹ dalphini. — 109. Item, lictere dispensationis super matrimonio dom° B(eatricis) comitisse et dom¹ G(uigonis) dalphini super impedimento consanguinitatis. — 110. Item, quatuor paria licterarum de simplici justicia, que sunt insimul ligate. — 111. Item, indulgentia dom¹ Hugonis cardinalis quod dom. dalphinus possit sibi quem voluerit eligere confessorem. — 112. Item, alia dispensatio matrimonii dom° B(eatricis) comitisse. — 113. Item, confirmatio apostolica pacis facte inter archiepiscopum Ebredunensem et dom. A(ndream) dalphinum de villa Caturicarum et civitate Ebredunensi. — 114. Item, privilegium quod non possit trahi ad judicium extra provinciam Viennensem. — Sequitur de privilegiis imperatoris : — 115. In primis, privilegium dom¹ Frederici super confirmacione comitatus Vapincensis et Ebredunensis et aliorum bonorum, et super donacione alodiorum, cum bulla auri. — 116.

Item, privilegium ejusdem Frederici super confirmacione pedagiorum comitatus Viennensis. — 117. Item, innovatio dicti Frederici de privilegio quondam facto a Frederico quondam avo suo et concesso Guigoni comiti quondam Viennen. et Albonis, super beneficiis que sibi jure hereditario pertinebant et super argentaria et aliis ibi contentis. — 118. Item, privilegium dom¹ Frederici avi concessum quondam domº Guigoni comiti predicto super jure hereditario et aliis. — 119. Item, privilegium imperatoris Frederici super concessione argenterie et facienda moneta. — 120. Item, privilegium Bertrandi ducis Burgundie de donacione eorum que habebat in comitatu Viennensi facta domino de consensu imperatoris. — 121. Item, quedam carta non sigillata. — 122. Item, quedam carta non sigillata dom¹ Bonifacii marchionis Montis Ferrati, continens confessionem ipsius Bonifacii de donacione facta domº Beatrici matri dom¹ G(uigonis) dalphini a Willelmo marchione Montis Ferrati de castro Sancti Raffani.

† Et ego Garnernerius de Correyo, imperiali auctoritate publ. notarius, *ut supra*.

IV. Tertio de composicionibus, concordiis, pactis, compromissis, convencionibus, ratificacionibus et aliis que inferius continentur : — 123. In primis, duo instrumenta compositionis facte per Bastardinum de Monte Ferrato inter dom. G(uigonem) dalphinum et dom. Obertum Aurucii. — 124. Item, instrumentum concordie facte per dom. episcopum Vapicensem et Gratapalla inter dom. archiepiscopum Ebredunensem et dom. G(uigonem) Dalphini. — 125. Item, carta composicionis facte inter dom. G(uigonem) Dalphini et R(aymu)ndum de Medullione, super dominio castri de Lespina et super dominio partis contingentis dom. Osasiccam in castro de Sorberiis, et super rancuris quas faciebat dom. G(uigo) Dalphini pro Moncalinon de Brosio super dominio et proprietate partis quam possidet dict. R(aymu)ndus in castro de Rosanis. — 126. Item, tria instrumenta super composicione facta inter dom. G(uigonem) dalphinum et dom. Aymarum de Pict(avia). — 127. Item, carta compositionis facte inter Albertum de Turre et Artaudum de Rossillione. — 128. Item, carta concordie facte inter dom. G(uigonem) Dalphini et dom. Dragonetum. — 129. Item, carta composicionis facte inter dom. Flotam et filios suos. — 130. Item, carta pactorum habitorum inter dom. G(uigonem) dalphinum et homines Ebredunenses. — 131. Item, carta concordie Johannis de Cassiniatico et Hospitalis super bonis domine Thasoent. — 132. Item, tres carte convencionis habite super castro de Cambiolo et de reddicione ipsius inter dom. Albertum et dom. Lambertum de Cabiolo. — 133. Item, carta compositionis facte inter Amedeum comitem Sabaudie et dom. G(uigonem) Dalphini. — 134. Item, carta composicionis facte inter dom. electum Lugdunensem et dom. G(uigonem) Dalphini. — 135. Item, lictera de pacto dom' Rostagni de Saut. — 136. Item, lictera quod dominus de Brianzono promisit se repetiturum XL. sextaria frumenti vendita ecclesie Gracionopolis. — 137. Item, lictere pactorum dom' dalphini et Rogerii de Clariaco filii dom' Sylvonis de Clariaco. — 138. Item, carta convencionum habitorum inter dom. G(uigonem) Dalphini et dom. archiepiscopum Ebredunensem super conjurationibus et forefactis per aliquos hominum Ebreduni. — 139. Item, carta dom' comitis Provincie, videl. Karoli, et dom' G(uigonis) Dalphini super pactis habitis inter ipsos pro terra Vapincesii. — 140. Item, carta causarum que vertebantur inter dom. dalphinum et homines de Vapinco. — 141. Item, instrumentum composicionis facte super castro de Monjay. — 142. Item, due carte pactorum habitorum inter dom. G(uigonem) Dalphini et R(aymu)ndum Berengarii super castro de Bello Videre. — 143. Item, instrumentum compositionis facte inter dom. G(uigonem) Dalphini et homines de Vapinco per Bastardinum. — 144. Item, lictera pacti facti per Aymarum de Pictavia dom° G(uigoni) Dalphini de guerra facienda. — 145. Item, carta compromissi facti inter dom. dalphinum et dom. Artaudum de Rossillione et Guillelmum filium ejus super feudo et dominio de Rossillione. — 146. Item, carta compromissi inter dom. G(uigonem) Dalphini et dom. episcopum Vapincensem. — 147. Item, carta composicionis facte inter dom. dalphinum et dom. Franconem de Chasta. — 148. Item, carta ratificationis dom° B(eatricis) comitisse, matris dom' G(uigonis) Dalphini, de pactis habitis inter ipsum dom. G(uigonem) et ducem Burgundie. — 149. Item, carta testimonii Odonis Alamandi super composicione facta inter dom. dalphinum et dom. Albertum dominum de Turre. — 150. Item, carta promissionis seu pacti facti inter dom. G(uigonem) dalphinum et dom. episcopum Vapincensem. — 151. Item, carta composicionis facte inter dom. G(uigonem) comitem et Guillelmum de Rossillione. — 152. Item, carta composicionis olim facte inter dom. G(uigonem) Dalphini et dom. B(eatricem) matrem ejus ex una parte, et consules et universitatem Ebreduni ex alia. — 153. Item, carta facta de concordia dom' G(uigonis) Dalphini et Oberti Aurucii super computo administrationis. — 154. Item, carta concordie facte inter dom. G(uigonem) Dalphini et dom. Artaudum patrem et Guillelmum filium de Rossillione. — 155. Item, instrumentum pacis et finis facte per Nicholaum de Bricayraz Peloso de Petra, nomine dom' G(uigonis) Dalphini recipienti. — 156. Item, carta pacis facte inter dom. electum Lugdunensem et dom. dalphinum. — 157. Item, carta quod dom. comitissa Montis Fortis juravit tenere pacta facta de vendicione terre sue. — 158. Item, lictere quod abbas Sancti Theuderii promisit quod faciet ratificari conventui suo pacta et convenciones habitas inter ipsum et dom. B(eatricem) comitissam super feudo de Denteysiaco. — 159. Item, carta de composicione facta inter dominum de Turre et dom. dalphinum de villa Sancti Valerii. — 160. Item, carta debiti quod habuit Guigo Betos a Guigone de Podio Bozone, castellano de Oyzencio tunc temporis nomine dom° comitisse, pro quadam composicione. — 161. Item, carta concordie facte inter comitem Sabaudie et Amedeum filium ejus et dom. dalphinum. — 162. Item, carta Jordanis de Crespol, de vendicione nemoris quod dicitur Chambaron de Virivilla non facienda. — 163. Item, carta Fremundi de Morgis et R(aymu)ndi Berengarii, de composicione facienda inter ipsos. — 164. Item, carta diffinicionis cujusdam facte inter dom. comitem Sabaudie et dom. dalphinum. — 165. Item, carta composicionis facte inter dom. dalphinum et Guigonem Alamandi super pascuis Herbesii et mandamenti Visilie et pascuis mandamenti Auriacici. — 166. Item, carta transcripti composicionis facte inter dom. dalphinum et Ubertum Aur(ucii) condam marescalcum. — 167. Item, carta dom' Umberti archiepiscopi Viennensis super composicione facta inter dom. Andream Dalphini et uxorem suam. — 168. Item, carta obligacionis facte dom° dalphino per dom. Sylvonem de Clariaco de castro Rupis Bloyne et de Marjayz pro querimoniis et rancuris. — 169. Item, carta pactorum argenterie de Brandis factorum inter dom. dalphinum et Stephanum Rogerii civem Viennensem. — 170. Item, carta franchisie Ville Nove de Roybone.

† Et ego Durandus Isnardi, auctoritate imperiali notarius publ., predict. cartas et instrumenta supra in hac cedula scriptas, de mandato predict. dom..... Umberti, *etc. ut alias*.

V. Quarto de fidejussionibus, obligationibus, testamentis, promissionibus et aliis que inferius continentur : — 171. In primis, lictere super treuga dom¹ dalphini et comitis Sabaudie. — 172. Item, lictera quod dom. Othonus Vapincensis episcopus promisit juvare domᵒ dalphino contra omnes personas. — 173. Item, depositiones testium productorum ex parte dom¹ G(uigonis) dalphini super causa que vertitur inter ipsum dom. dalphinum et dom. de Tuyllino super feudo de Tuyllino. — 174. Item, lictere prioris de Rometa super vendicione quarumdam rerum. — 175. Item, lictere quod Beatrix, filia dom¹ Aymari de Sancto Juerz, vendidit omnia bona sua Alisie sorori sue. — 176. Item, alia carta Odonis et Beatricis filie quondam Aymari de Sancto Juerz. — 177. Item, inquisicione(s) facte super juribus que habet dom. dalphinus aput Vapincum. — 178. Item, carta vendicionis quam fecit Arnaudus Guelini domᵉ comitisse. — 179. Item, carta dom¹ G(uigonis) dalphini et valitorum ipsius G(uigonis) et Ose-sicce. — 180. Item, carta domᵒ comitisse Sabaudie. — 181. Item, carta de obligacione de Moyrenco de IIIIᵐ libris domᵒ dalphino. — 182. Item, carta super facto domine de Tasoen. — 183. Item, lictere treuge date a domᵒ dalphino et archiepiscopo Viennensi et Guillelmo de Rosyllione et ville de Rom(anis). — 184. Item, lictere fidejussionis dom¹ Hugonis de Brissiaco canonico Lugdunensi. — 185. Item, alia lictera de eodem. — 186. Item, alia lictera, et sunt tres de eodem facto. — 187. Item, adhuc alia lictera. — 188. Item, carta solucionis Vᵐ solidorum pro redimendo castro Montis Clari. — 189. Item, due alie carte de eodem facto. — 190. Item, carta Girardi de Sancto Marcello quod omnes res sue sunt de feudo dom¹ dalphini. — 191. Item, carta super solucione XIIIᵐ solidorum et Vᶜ solid. pro castro de Moyrenco. — 192. Item, lictere laudamenti facti domᵒ dalphino ab executione testamenti dom¹ quondam archiepiscopi Viennensis, et de vendicione facta domino a Villelmo de Breygnins et Johanne Falacef. — 193. Item, carta fidejussionis quam dom. dalphinus fecit penes dom. Alimannum de Condriaco pro Aynardo de Castro Novo. — 194. Item, carta guagerie quam obligavit dom. Franciscus de Payrino domᵒ dalphino apud Payrinum de X libris. — 195. Item, carta quod Johannes de Podio recognovit se recepisse Vᵐ solid. pro illis de Sancto Bartholomeo. — 196. Item, testamentum dom¹ A(ndree) quondam comitis Viennensis et Albonis. — 197. Item, testamentum Chaberti senescalci. — 198. Item, testamentum seneschalcie Visilie. — 199. Item, duo testamenta domᵒ B(eatricis) ducisse insimul. — 200. Item, carta quod dom. A(ndreas) dalphinus constituit heredem suum B(eatricem) comitissam Montis Fortis. — 201. Item, carta inscisa debiti domini de Turre. — 202. Item, due carte sane insimul de eodem facto. — 203. Item, carta domⁱ Sylveonis de Clariaco de reddicione castri de Ruppe. — 204. Item, carta de domo de Chesa donata domᵉ comitisse. — 205. Item, carta treugarum domⁱ R(aymundi) de Monte Albano et Agoudi. — 206. Item, carta quod dom. dalphinus dedit in feudum Odoni Alamanni castrum de Campis. — 207. Item, carta seu inquisicio domini de Royans et feudorum ipsorum. — 208. Item, lictere super treuga domⁱ dalphini et Humberti de Vilars. — 209. Item, carta solucionis domⁱ Guigonis de Ruppecula super solucione Vᵐ solidorum. — 210. Item, carta recognicionis quam fecit Arnaudus Guelini de quodam castro domᵒ dalphino. — 211. Item, carta domⁱ dalphini et domᵉ Gualburgie super deffenssione quam dominus debet ei facere. — 212. Item, carta de Moncalis, de Brueys, de Draconeto super obsidione domus de Rosans. — 213. Item, lictere super XXV libras quas debet Gilbertus de Viriaco pro manulevatione Bontosi Ruffi de Moncalis. — 214. Item, lictere satisfationis injuriarum factarum apud Barrauz. — 215. Item, carta domⁱ G(uigonis) dalphini et domⁱ Ay(mari) domini Molanci super guarda territorii de Quintenas. — 216. Item, carta super appertura domⁱ G(uigonis) dalphini. — 217. Item carta super donatione Templariorum, super monasterium et valle de Mencio. — 217 a. Item, carta Humberti Balbi de Cario. — 218. Item, carta fidejussionis facte a domᵒ dalphino pro domino de Moyrenco de debito Guigonis Alamanni. — 219. Item, due carte insimul de una donacione facta ab abbatissa de Clavas de rebus Johannis Ferlay, et alia de CC libris quas debet Aymarus de Pictavia. — 220. Item, lictere de denuntiatione facta per dompnum Sancti Anthonii et P(etrum) Aynardi militem ex parte domⁱ dalphini Sylveoni de Clariaco. — 221. Item, carta domⁱ comitis Burgundie. — 222. Item, lictere prioris Sancti Roberti super scambio quod fecit domᵒ dalphino. — 223. Item, carta domⁱ dalphini et domⁱ Chaberti et Aynardi de Faraut. — 224. Item, lictera Petri de Buccurione, de promissione facta domᵒ dalphino de domo quondam Raymundi Chalnesii. — 225. Item, lictera fidejussionis facte per dom. G(uigonem) Dalphini penes Guigonem Arnaudi civem Viennensem pro domᵒ Raymundo de Thorenc. — 226. Item, lictera dom. P(etri) Ysoardi de fidejussione quam fecit dom. dalphinus

2

Flote nurui sue. — 227. Item, carta Raymundi Berengarii de Royans. — 328. Item, carta fidejussionis quam fecit dom. dalphinus pro dom° A(lberto) de Turre. — 229. Item, carta Gualburgie domine de Mison. — 230. Item, testamentum Bonifacii marchionis Montis Ferrati. — 231. Item, lictera fidejussionis filiorum dom. Bertrandi de Engelatis. — 232. Item, carta quod comitissa Scabilonis recepit CC. marchas a dom° dalphino. — 233. Item, carta quod Sylveo de Clariaco debet C. libras dom° dalphino pro causa ipsius et Guillelmi de Turnone. — 233 a. Item, lictere quod Guaudemars promisit juvare dom. dalphinum. — 234. Item, lictere fidejussionis comitis Foresii de mille et Vᶜ libris Viennensibus. — 235. Item, alia lictera de eodem. — 236. Item, lictere due debiti Guillelmi de Viriaco et cujusdam alii de Dorchi. — 237. Item, lictere solucionis emende facte monasterio de Barrauz. — 238. Item, lictere securitatis date a comite Burgundie treugam tractantibus. — 239. Item, carta Guillelmi de Ponticio super obligatione Petri de Petra. — 240. Item, carta super eo quod illustris domᵃ comitissa obstulit senescallo Provincie facere se paratam fidelitatem pro dom° rege Scicilie. — 241. Item, carta Joffredi de Moyrenco de fidejussione quam pro ipso fecit dom. dalphinus pro Gratapaylli. — 242. Item, carta de guneria Falconis de Sancto Georgio. — 243. Item, carta super solucione C. marcharum argenti facta a dom° dalphino Margarite uxori marquionis Montis Ferrati. — 244. Item, carta Girardi Curresii de quictatione pentionum. — 245. Item, processus cause domⁱ dalphini et Sylveonis de Clariaco super feudo castri de Rocha Blaona. — 246. Item, carta Audeberti de Castro Novo quod servet indempnem dom. dalphinum de IIIIᵘⁿ solidis. — 247. Item, carta Raymundi Berenger de Royans super obligacione castri de Royans. — 248. Item, carta super inquisitione castri de Aspero Monte. — 249. Item, carta donationis facte a Raymundo Borardi de menamento mayeriarum. — 250. Item, carta quod dom. dalphinus mandavit nobilibus de Maylles quod fidejuberent pro eo erga Guigonem de Ruppecula. — 251. Item, carta Stephani de Cruczol. — 252. Item, carta fidejussionis pro observanda pacta vendicionum de Mantalia. — 253. Item, lictera fidejussionis episcopi Vivariensis et Aynardi de Turre. — 254. Item, carta Guigonis Francisci filii quondam Guigonis Alimanni. — 255. Item, quodam longum rotulum sigillatum duobus sigillis. — 256. Item, carta obligacionis castri de Septemo. — 257. Item, carta Ray(mundi) Berenger

super receptione XVI^m solidorum. — 258. Item, lictere fidejussionis
domini de Turre. — 259. Item, carta jur(amenti) quod fecit Amedeus
de Miribello dom° dalphino de non faciendo malum et quod Burno
Corderi erat homo suus ligius. — 260. Item, carta fidejussionis
quam fecit dom. Dalphinus pro dom° Gonterio de Brianczone erga
Chacicer. — 261. Item, pargamenum plicatum et sigillatum. — 262.
Item, carta de XII d(enariis) censualibus quos faciunt Stephanus (et)
Audemarius Charree de Vienna. — 263. Item, carta donacionis quam
dom. Artaudus de Rosyllione (et) G. filius ejus fecerunt dom° dalphino
de jure quod habebant in domo de Landrins et villa et parrochia de
Espinosa. — 264. Item, lictere magistri Jo. Lunbardi de quictatione
quam dom° dalphino fecit. — 265. Item, carta dom° Philippe que
dedit terram suam Rogerio nepoti suo et rogavit dom. dalphinum
quod ipsum de ipsa terra retineret et reciperet ab eodem homagium
suum. — 266. Item, lictere quod dom. dalphinus fidejussit in manu
abbatis Insule Barbare pro dom° Draconeto. — 267. Item, carta
dom° Beatricis super vendicione cujusdam hominis Flote. — 268.
Item, carta obligationis de jure quod habet Aymarus de Cassenatico
in Avaloném. — 269. Item, lictere pro facto Petri de Vienna et
Bonifacii de Miribello. — 270. Item, carta fidejussionis dom¹ dalphini
pro Petro Alamanni de V^m solidorum. — 271. Item, carta cujusdam
debiti quod debet Guillelmus Musardi dom° Martino Charbonelli et
homagii sibi facti pro mistralia de Corvo, salvo homagio dom¹ dalphini. — 272. Item, lictere super solucione CC. librarum facta
Ay(nardo) de Claromonte pro dote uxoris sue. — 273. Item, lictera
fidejussionis facte per dom. dalphinum abbati Insule Barbare pro
dom° Draconeto. — 274. Item, lictera Guillelmi Eloy de XL. libris
quas recepit ab Odone Bettonis. — 275. Item, lictera fidejussionis
quam fecit dom. dalphinus pro comite Foresii erga illos de Varey.
— 276. Item, carta comitis Sabaudie ad recipiendam quandam solu-
tionem a dom° dalphino. — 277. Item, carta solutionis IIII^{or} milium
solidorum receptorum a Raymundo Berengarii. — 278. Item, carta
de tradicione castri de Vatillef, de Armef, de Verduno, medie Mote
Sancti Anthonii. — 279. Item, inquisicio facta contra Johannem de
Altovilari in quodam longuo sacculo (saccl'co). — 280. Item, carta
confessionis facte super solucione debitorum a Kacziguerra per dom.
comitissam. — 281. Item, carta Leotardi prioris Beate Marie de
Valle super pacto porte Sancte Alarener. — 282. Item, due carte

simul ligate de vendítione dom° Beatricis filie quondam Aymari de Sancto Juerz. — 283 *a*. Item due carte insimul de manule-vatione Artaudi de Rossylione. — 283. Item, carta de mandato facto per dom. Flotam omnibus hominibus de mandamento de Chesanege et feudatariis, de faciendo omagium et fidelitatem dom° dalphino. — 284. Item, carta recognicionis debiti dom¹ dal-phini facte (per) dom. episcopum Falconem. — 285. Item, quedam acta cause dom¹ G(uigonis) dalphini et dom¹ Ebredunensis archiepis-copi. — 286. Item, quedam acta cause dom¹ Philippi quondam electi Lugdunensis et dom¹ G(uigonis) dalphini. — 287. Item, quedam lictere commendationum castrorum quibusdam castellanis. — 288. Item, quedam acta cause dom¹ dalphini super matrimonio filii quon-dam dom¹ Barralis. — 289. Item, duo volumina licterarum de pluri-bus citacionibus, fidejussionibus, solucionibus, quictationibus et aliis quibusdam parum aut nichil valentibus et quarum utilitas jam finita est. — 290. Item, et quidam sacculus de quibusdam actis articans coram magistro Petro Lunbardi. — 291. Item, et una bursa de corio albo, in qua sunt rationes expensarum que facte fuerunt apud Cristam et quedam alia. — 292. Item et quidam alius saccus cum licteris missis ad dom. dalphinum. — 293. Item, quandam ligaturam litte-ràrum fidejussionum factarum diu est per illustrem virum dom. dal-phinum.

† Et ego Michael Ranulphi, auctor. imper. publ. notarius, hanc presentem cedulam, de mandato expresso discretorum virorum dom. B(artholomei) prioris Sancti Laurencii Gracionopolis, fratris Humberti de Alavardo guardiani Fratrem Minorum de Moyrenco et dom. Jaccobi de Ravenna jurisperiti, fideliter scripsi et meo signo signavi in testi-monium veritatis.

INDEX

———

[*Les chiffres renvoient aux numéros de l'Inventaire; le signe* — *supplée à la répétition du mot principal de l'article, et cet autre* - *à celle des lettres identiques d'une variante.*]

Agoudi (dominus), 205. — *Agoult (Provence)*.

ALAMANDI, A–NNI (Guigo), 102, 165, 218, 254; — (Odo), 149, 206; — (Petrus), 270.

Alavardo (vallis de), 66. — *Allevard, cant. et arr. de Grenoble*.

Albonis comites: Andreas, Guigo; — comitissa: Beatrix. — *Albon, c. de St-Vallier*.

Alevin (parrochia de), 8. —

ALEXANDER [IV], papa, 103.

Alexino (Chabertus de), 57. — *Alixan, c. de Bourg-de-Péage (Dr.)*.

ALIMANNI: vid. Alamandi.

ALISIA, soror Beatricis, 175.

Alodiorum donatio, 115.

Altovilari (Johannes de), 279. — *Arvillars, c. de La Rochette (Savoie)*.

Amaysino (Jo. et Petrus de), 30. — *Ameisin (Arm. de Dauph.)*.

AMEDEUS, comes Sabaudiæ, 133; —, filius com. Sabaudiæ, 161. — *Amédée IV, 1197-1233-13 juil. 1253*.

ANDREAS, comes Viennæ et Albonis, Dalphini, delphinus Viennen., 23, 28, 113, 167, 196, 200. — *Guigues-André, c. 1184-1192-13-4 mars 1237*.

Annoniaco (castrum de), 18. — *Annonay, a. de Tournon*.

Appertura d. Guigonis dalph., 216.

Argentaria (privilegium de), 117, 119.

Argentauz (castrum de), 18.— *[Bourg-]Argental, a. de St-Étienne (Loire)*.

Armef, Armey (castrum de), 278; — (mandamentum), 99. — *Armieu, c. de Vinay*.

ARNAUDI (Guigo), 225.

Aspero Monte (castrum de), 59, 248.— *Aspremont, a. de Gap*.

Aurea Petra (dominus de), 52. — *Orpierre, a. de Gap (H.-A.)*.

Auriacici (mandamentum), 165. — *[St-Martin-d']Uriage, a. de Grenoble*.

AURUCII (Obertus), marescalcus, 123, 153, 166.

Autravenis (Guillelmus de), 72.—*Autrans, c. de Villard-de-Lans (Is.)*.

Avalonem (jus in), 268. — *Avalon, c. de Goncelin (Is.)*.

Avana (bastia de), 7, 11. — *Avane (Arm. de Dauph.)*.

Avangone (feudum de), 9. — *Avançon, c. de La Bâtie-Neuve (H.-A.)*.

Avillo (Symondus de), 55.—

AYNARDA, uxor Lant. de Meolano, 90.

AYNARDI (Guigo), 44; — (Pontius), 44, 62, 220.

Balaion Lotron (castrum de), 12. — BALBI (Humbertus), 217 a.

Bardonechia (feuda de), 31. — *Bardonenche, c⁰ de La Tour (H.-Savoie)*.

BARRALIS (domini) filia, 108, 288.

Barrauz (injuriæ apud), 214; — (monasterium de), 237; —(Pet. Gotafrey de), 98. — *Barraux, cant. du Touvet (Is.)*.

Barreto (castrum de), 29. — *Barret, c. de Ribiers (H.-A.)*.

Bastardinus, 143. — Cf. Monte Fer.

Beatæ: vid. Sanctæ.

BEATRIX, comitissa Montis Fortis, 200; —, comitissa Viennæ et Albonis, domina Fucigniaci, 1, [6], 12, [52], 78, [80], 84, 112, 122, 148, 152, [160, 167, 180, 204, 240], 267, [280]; —, du-

PIÈCES ANNEXES.

I

Bulla imperialis aurea super pedagio[1].

30 juillet 1178.

In nomine sancte et individue Trinitatis, Fridericus[2] divina favente clementia Romanorum imperator augustus. — Ad laudem Romani nominis et glorificandam imperatorie majestatis celsitudinem pertinere non dubitamus, si principes et fideles nostros dignatio nostra studuerit honorare, divitibusque simul et pauperibus ac precipue peregrinis commoda quietis et securitatem pacis per terre nostre transitus curaverit providere. Hinc est quod ad serenitatis nostre memoriam reducimus et presenti scripto profitemur et testamur cunctisque imperii nostri fidelibus, tam futuris quam presentibus, memoriter de cetero cognoscendum notificamus quod nos dilectis ac[3] fidelibus nostris, scilicet Willelmo de Peiteus, Valentino comiti, necnon Dalphino comiti pedagium illud[4], quod in ea strata que est a Valentia usque Montillium exhigitur, de nostra imperiali munificentia concessimus: tali conditione inter nos et ipsos statuta et ab omni parte concorditer approbata et recepta, ut Dalphinus comes nichil inde proprii usus caperet, sed totum ejusdem pedagii proventum prefatus Willelmus ab ipso comite Dalphino nomine legalis feudi[5] teneret et in suam utilitatem reciperet atque disponeret. Proinde[6] illud factum nostrum, cum apposita ut dictum est conditione, stabilientes et ratum omnino permanere statuentes, ejusdem pedagii possessionem et usum tibi prenominato Willelmo tuisque legitimis heredibus a te legaliter descendentibus donamus et confirmamus, id ad commoditatem peregrinantium et predictam stratam frequentantium adicientes et edicti imperialis auctoritate instituentes, quathenus de cetero in eadem[7] strata prisce exactionis iniqua consuetudine transeuntes ibidem nequaquam graventur, sed de singulis equis vel mulis oneratis undecumque veniant XII. tantum[8] denarii accipiantur et non plures, et de asinis sex tantum denarii: si vero sale fuerint onerati, unum tantum denarium solvant; in equis autem et mulis sine oneribus, ad alia quam salis onera venientibus, duo tantum denarii accipiantur, si[9] ad salem unus, in asinis obolus tantum. Precipimus preterea ut in eadem strata, a Valentia scilicet usque Montillium, nullus omnino aliquod pedagium accipiat nisi justum et antiquum. Predictam autem commoditatem in pretaxato pedagio tibi Willelmo ea ratione prestamus, ut fidelis et diligens ejusdem strate protector et defensor circa divites, pauperes, peregrinos et quoslibet per eam transeuntes existas et, ne quisquam contra hec precepta nostra facere presumat, nostra fretus auctoritate firmissime prohibeas [10]. Preterea omnia que antecessores tui juste ac legaliter possiderunt et ad te de jure pertinere videntur et que inpresentiarum habes vel habere debes vel infuturum, Deo propitio, rationabiliter acquires, tibi nostra auctoritate confirmamus : salvo in omnibus jure imperiali. Cum autem quicumque contra hec nostre sublimitatis indulta, instituta ac precepta aliquathenus venire presumpserit, pena quinquaginta librarum auri purissimi condempnamus, quarum media pars fisco imperiali, residua tibi Willelmo et injuriam passis exhibeatur. Ad predictorum vero memoriam et observationem perpetuam, presentis privilegii paginam, majestatis nostre sigillo aureo roboratam, dilectioni tue contradimus [11], testibus assignatis quorum hec sunt nomina : Hugo Verdensis episcopus, Bertrandus episcopus Vasionensis, Willelmus comes Folcalcarii [12], Bertrandus de Baucio [13], Reymundus de Medulione, Draconetus, Ismido [14] de Palta, Adiemarus [15] de Stella, Willelmus Artaldi, Gencio [16], Willelmus de Stella, Burcardus Magdeburgensis prefectus, Wolframmus de Bebemburc, Ruotpertus de Durna et alii plures.

Signum [17] domini Friderici [1] Romanorum imperatoris invictissimi. (L. M.)

Ego Godefridus imperialis curie cancellarius, vice Rutperti [18] Viennensis archiepiscopi et Burgondie ac Provincie archicancellarii, recognovi.

— Acta sunt [19] hec anno Dominice Incarnationis M° C° LXXVIII, indictione undecima, regnante domino Friderico [1] Romanorum imperatore gloriosissimo, anno regni ejus XXVII°, imperii autem XXIIII°, feliciter, amen.

Datum in palatio Arelatensi, III° kalendas augusti mensis.

1. En publiant le privilége de Frédéric Ier en faveur de l'abbaye de Léoncel (Cartul., n° XXIX, p. 34-6), nous ne connaissons de la bulle accordée par le même à Guillaume de Poitiers, comte de Valentinois, et au Dauphin, que l'analyse latine recueillie par VALBONNAIS (V Registre ms., n° 145) dans l'Inventaire des titres du comte de Valentinois. Le texte que nous donnons ici provient de deux transcriptions aux Archives de la Préfecture de l'Isère (fonds de la chambre des comptes), l'une dans le reg. IVs liber copiarum comitatus Valen. et Dien. DD, f° xxxv, l'autre dans le Vus liber copiarum Valentin. et Dyensis, cah. VIIxx xv; cette dernière est suivie du texte de la patente confirmative de Frédéric II concédée à Aimar de Poitiers, fils et successeur de Guillaume (Haguenau, février 1219, ind. 7); nous ne nous sentons pas le courage de donner au public une copie aussi défectueuse, sans avoir pu l'améliorer à l'aide d'une autre.

2. A Freder. — 3. B omit. — 4. B om. — 5. B feodi. — 6. B Delnde. — 7. B dicta. — 8. A om. — 9. B sed. — 10. A p-bemus. — 11. B concedimus. — 12. A Folcecar. — 13. A Bauco. — 14. A Ys... — 15. B Aymarus. — 16. A Vencio. — 17 B Sigillum (!). — 18. A Roucp., B Rotp... — 19 B fuerunt.

II

CONCORDIA INTER BEATRICEM COMITISSAM ALBONIS ET ABBATEM CLEYRIACI AD CAUSAM RUPIS DE CLIVO [1].

1191.

Noverint presentes et posteri concordiam factam inter Beatricem, ducissam Burgundie et comitissam Albonii, et Willelmum abbatem de Clareu, de castro quod dicitur Rocha de Glom, in hunc modum : W. abbas accepit Rocha de Glom a domina Beatrice, in feudum et casamentum a predicta Beatrice et (ab) heredibus ejus in perpetuum, et juravit ut quotienscumque comes Albonii per se aut per nuncium suum [castrum] vellet recipere bona fide ei redditurum; et promisit comitissa quod nec vim nec injuriam hominibus castri faceret, set bona fide defenderet, nec in pedagium manum extenderet, et que sibi necessaria essent emeret, etiam fenum et paleam, infra castra : quod si forte a possessoribus castri vis aut injuria domino castri aut hominibus ejus inferretur, post commonitionem eorum infra XL. dies se satisfacturum promisit; promisit etiam quod si ab aliquo impeteretur cui in jure per curiam comitis paratus esset respondere, quod ipse comes et totus comitatus bona fide eum (et) heredes ejus propriis expensis juvaret et pro eo guerram faceret. Convenit etiam inter eos quod comitissa nec heredes ejus, nec W. abbas nec heredes ejus cum Ademaro Pictavensi compositionem aliquam facerent de terra que est infra Rodanum et Ysaram, sine communi utriusque assensu, set invicem contra eum et suos bona fide se juvabunt in guerra et in placito in perpetuum. Et hec compositio et conventiones jurate sunt ab utraque parte : ex parte ducisse, ipsa et Odo filius ducis Burgundie, qui tunc comitatum regebat vice Hy(gonis) patris sui, cum X. militibus de comitatu, et Bertrando de Esaudu et Rainaudo de Jugerio [2] Eduensi; et ex parte abbatis, ipse abbas et W(illelmus) de Roca, et Arnaudus monacus et homines de predicta Rocca, tam milites quam rustici, a quindecim annis supra; et hoc sacramentum renovari debet in perpetuum ab utraque parte, ad commonitionem alterutrius partis, a X. in X. annos. Recognovit etiam abbas quod ipse homo legius est, de Claireu et honore Clariacensi, comiti et tenetur ei reddere castrum de Larnatge; et si casu aliquo strata publica alibi deviaretur, dominus de Claireu consuetum pedagium de Roca in terra comitis accipiet, ubi oportunius sibi videretur. Juraverunt etiam milites de Claireu, W. d'Aurel, W. Malles [3], W. de Roys [4], Lambertus de Roys [5], Petrus Mailes, Mailes de Curszo, W. Rufus, W. de Charmanieu [6], Ademarus d'Autavila, quod si predictus abbas vel ejus successores contra supradictas conventiones venirent, quod ipsi bona fide comitem Albonii juvarent contra abbatem et ei guerram facerent; ex parte comitatus juravit Droco [7] de Bellovidere, Gaufredus de Morrenc, Bonefacius d'Ornaceu, W. de Eras, qui etiam pro abbate tenentur, et W. de Moras et Petrus Ysmido, quod si comitissa vel ejus successores contra dictas conventiones venirent, ad commonitionem [8] abbatis vel ejus successorum in villa Romanis obsides redirent, etiam inde [9] sine permissu ejus non egrederentur quousque ei satisfactum esset. Acta sunt [10] hec apud Sanctum Valerium, presente domno F(alcone) Valentino episcopo et Ugone abbate Bonevallis; hoc factum domnus R(obertus) archiepiscopus Viennensis confirmavit, et tam ipse quam episcopus Valentinus eos qui supradictas conventiones infringerent excommunicationi [subjicere] promiserunt; et ad perpetuam rei memoriam sigilla sua scripto suo imposuerunt. Acta sunt [10] hec anno Verbi incarnati M°.C°.XC°.I° [11].

1. *Vidimus* du 23 sept. 1272 aux Archives de la Préfect. de l'Isère :

Nos magister Andreas, officialis Valentinus, notum facimus universis quod ad nos accedens Petrus Giraudi, clericus, presentavit nobis ex parte viri nobilis dom[i] Silvionis de Clariaco militis et ejus mandato, ut dicebat, quandam litteram patentem, duobus sigillis cereis pendentibu[s] communitam, per litteras sonantes A B C D E F G partitam, ut superficie superiori ipsius littere continetur, non cancellatam, non abolitam nec in aliqua parte sui viciatam, petens a nobis ipsam litteram fieri de verbo ad verbum transcribi et publicari, et ejus transumpto apponi sigillum curie Valentine; cujus quidem tenor est iste qui subsequitur: « Noverint... XC° J° ». Factum est presens transcriptum die veneris post festum beati Mathei apostoli, anno Domini M°. CC°. LXX° secundo. In cujus rei testimonium nos dictus officialis presenti transcripto sigillum curie Valentine jussimus apponendum.

Original parch. avec trace de sceau sur lemnisque; au dos: *Transonto di concessione di Beatrice duchessa di Borgogna a Guglielmo abbate di Clareu, del castello di Rocca di Glom in feudo.* — Transcription du XVIII° siècle, d'après le registre (de la Chambre des comptes de Dauph.) coté *VIus Liber copiarum Viennesil et Valentinesil* GG, cah. 48, dans le VII° regist. ms. de VALBONNAIS, à l'an 1111.—Cff. CHORIER, *Hist. de Dauph.*, II, 77; DE GALLIER, *Essai hist. sur la bar. de Clérieu*, ch. I. Béatrix, fille du dauphin Guigues V, épousa en secondes noces Hugues III, duc de Bourgogne, dont elle eût Guigues-André; Guillaume de Clérieu, dit l'abbé, feudataire de la dauphine pour la Roche-de-Glun, était fils de Silvion II et neveu d'autre Guillaume, abbé de St-Félix de Valence.

2. *Nig...*? — 3. V. *Mailes.* — 4. V. *Rocha.* — V. *Rois.* — 6. *Charam...* — 7. V. *Drodo.* — 8. V. *admon...* — 9. V. *et infra.* — 10. V. *fuerunt.* — 11. V. *M.C.XI.*

III

CARTA DOM[i] VMBERTI ARCHIEPISCOPI VIENNENSIS SUPER COMPOSITIONE FACTA INTER DOM. AN(DREAM) DALPHINUM ET UXOREM EJUS [1].

5 septembre 1215.

Anno ab Incarnatione Domini M.CC.XV, mense septembri, tercia die ante festum Nativitatis beate Marie, Ego Andreas, dictus Delphinus, comes Viennensis et Albeonensis, dono et assigno Beatrici quondam uxori mee, a me tamen Ecclesie judicio separate, furnum de Moras et partem meam furni de Sancto Donato, sub eisdem pactis, conditionibus et obligationibus sub quibus sibi fuerant assignata castrum de Montbonout et castrum de Revel cum apenditiis eorum, et mille solidi quos in pedagiis meis debebat percipere annuatim; pro illis tamen mille solidis quos remisit nec debet decetero percipere, predictum furnum de Moras et partem furni de Sancto Donato ei assigno sub conditionibus pretauxatis; ita tamen quod usque ad festum beati Michaelis proximo venturum prefatum furnum de Moras et partem furni de Sancto Donato ab omni alio inpedimento ei debeo liberare; furnum tamen de Moras tenebit ab ipsa illo qui conduxit usque ad terminum sibi constitutum, et ipsa a predicto festo sancti Michaelis in antea proventus utriusque furni percipiet: finito autem tempore locationis supradicte furni de Moras, ipsa furnum alii locabit vel sibi, si ei placuerit, retinebit; quia vero mille solidos annuatim usque ad hoc tempus de pedagiis per quatuor annos debuerat percipere, pro duobus mille et quingentis solidis qui adhuc ei debebantur et pro XIIII libris et X solidis quos homines mei de redditibus de Montbonout post assignationem eidem Beatrici factam habuerant, C. libras Viennensis monete ei reddo, quarum medietatem me ei soluturum in proximis nundinis Gratianopolis promitto, aliam medietatem in primis nundinis de Romanis. Et omnia predicta, scilicet castrum de Montbonout, castrum de Revel, cum apenditiis eorum, et furnos, eidem Beatrici ad honorem et utilitatem ejus secundum formam pretauxatam me bona fide defendere et conservare promitto; et si forte in supradictis aliquando aliquam injuriam intulero et commonitus non emendavero, dominus archiepiscopus Viennensis debet me et terram meam usque ad sufficientem satisfationem de illata injuria per censuram ecclesiasticam cohercere: quod ad preces meas se facturum promisit, et omnia supradicta scripta sigilli sui debet munimine roborare. Actum apud castrum Albeonis, ante ecclesiam, sub testimonio dom¹ Humb(erti) Viennensis archiepiscopi et B(ernardi) Ebredunensis archiepiscopi, Odonis Alemanni lo don, Petri de Arenis sacriste Viennensis, Aynardi de Bardonischa. Ad perpetuam autem et plenam hujus negotii firmitatem, hanc cartam, quam vim publici instrumenti habere volo, eidem Beatrici trado sigilli mei inpressione munitam.

1. Expédition contemporaine (1215) aux arch. de la Préfect. de l'Isère :
Humbertus, Dei miseratione sancte Viennensis ecclesie archiepiscopus, omnibus in PerPetuum. Dignum est et juri conveniens ut que coram nobis fiunt, perpetua stabi(li)tate firmentur. Nos igitur compositionem quandam, que nuper inter nobilem virum comitem Delphinum et Beatricem quondam uxorem suam in nostra presentia intercessit, quam etiam si idem comes frangeret vel minus bene servaret promisimus comitisse, ad preces comitis, ipsum et terram suam usque ad sufficientem satisfactionem per censuram ecclesiasticam cohercere, sicut in instrumento sigillo comitis signato continetur, verbo ad verbum presentibus duximus inserendam : « Anno... munitam ». Ad pleniorem igitur fidem et tocius negocii firmitatem, nos hanc cartam vim publici instrumenti obtinentem sigilli nostri fecimus inpressione muniri. Datum per manum Petri de Arenis cancellarii nostri.

Original parch. avec trace de sceau sur lanière de cuir à double queue; au dos : *Littera concessionis et donationis facte per dom. Andream dalphinum Viennensem dom°*

Beatrici ejus uxori de castro Montisbonodi et furno Morassii et furno Sancti Donati,
puis : Reg(istrata) est, iterum registrata. — C'est le n° 167 de l'*Invent.* — Cff. Chorier, *Hist. de Dauph.,* I, 804 et 866, II, 98; Charvet, *Hist. de Vien.,* 383.
Guigues-André épousa Béatrix de Claustral, en 1202, puis la répudia sous prétexte
de parenté. L'archevêque de Vienne, Humbert II, mourut le 19 novembre 1215.

IV

CARTA DE REDDICIONE DOMUS EPISCOPALIS, VACANTE SEDE [1].

1221.

I u nomine Domini nostri Jhesu Xpisti, anno M°.CC°.XXI° Incarnationis
ejusdem. Noverint presentes et futuri quod dominus Delphinus, comes
Albonii et Vienne palacii, mortuo domino P(etro) de Saxino, bone memorie
Gratianopolitano episcopo, ingressus ejusdem ecclesie capitulum, presentibus
venerabilibus D(esiderio) Diensi episcopo et S(ofredo) abbate Sancti Theofredi, consensu et sano consilio nobilium virorum suorum et hominum Aemari
de Cassenatico, Odoni Alamanni, Radulphi de Vado et quorumdam aliorum,
dimisit et reliquid in manu domini P(etri) decani Gratianopolitani, Deo et
beate Marie et ecclesie Gratianopolis, per se et successores suos in perpetuum, presente ipsius ecclesie capitulo, quicquid juris se credebat vel dicebatur habere in domo episcopali seu in rebus suis, in civitate aut extra
civitatem, vacante episcopatu, et etiam si aliquid injuriose in hoc posset facere seu presumere penitus dereliquid. Et ut firmiter istud perpetuum obser-
vetur, presens instrumentum sigilli sui et sigillorum venerabilium dictorum
Diensis episcopi et abbatis Sancti Theofredi fecit numinime roborari. — Dictus
propterea decanus et totum capitulum dimiserunt domino Delphino injuriam
quam dicebatur fecisse in occupatione memorate domus episcopalis.

1. *Original* parch., avec traces de trois sceaux pendants à des lacs de soie rouge
sur double queue, aux arch. de l'évêché de Grenoble, sous la cote A.xcix et I.A. —
Vidimus du 14 juin 1429, délivré par « Jacobus de Godabla, in legibus licenciatus,
baquellarius in decretis, prior Sancte Aguathe Uticensis dyocesis, officialis Gracionopolis », qui déclare expédier « litteras per bone memorie condam dom. Dalphinum,
comitem Alboni et Vienne palacii, tribus sigillis impendentibus cum cordula cirici
rubey sigillatas, videl. sigillis ipsius dom. Dalphini, dd. episcopi Dyensis et abbatis
Sancti Theoffredi... », en original aux mêmes archives, cotes A.cclxxv et I.Abis. —
Cette charte (n° 34 de l'*Invent.*) sert à rectifier la liste des évêques de Grenoble
donnée par M. Hauréau (*Gallia Christ.,* XVI, 241), en la ramenant à celle du car-
dinal Le Camus, que nous avons publiée (*Bull. de l'Acad. Delph.,* 3e sér., III, 371).
Chorier avait mentionné Pierre de Seyssins et mis sa mort en 1221, sans doute d'après
cette ch.; le card. Le Camus l'a placée en 1220, donnant à cet évêque pour successeur un Guillaume chartreux, qui serait mort cette même année et aurait été rem-
placé par Soffroy, celui qui paraît dans cet acte comme abbé de Saint-Chaffre. Ce
document n'est pas le seul qui montre les Dauphins s'attribuant une sorte de *régale*
pendant la vacance du siége épiscopal de Grenoble.

V

Mai 1219.

Anno Dominice Incarnationis M. CC. XXVIIII, mense maio, Gregorio nono papa, Frederico Romano inperatore existentibus, ego Villelmus de Avalone dono tibi Oberto, domini Dalphini marescalco, bona fide prout melius et sanius potest intelligi, omnia que habeo a lacu Finenc usque ad pontem de Visilia, sive consistant in hominibus, censibus, mistralia, proprie-tatibus aut in quibuslibet aliis : dono, inquam, sub censu annuo quinque solidorum et pro investitura quater XX. librarum, quam investituram mihi a te fuisse solutam in integrum confiteor, renuncians exceptioni non nume-rate et non solute pecunie, doli et in factum, certioratus supradicta pluris fore, et omni alii juri canonico et civili super hoc facto et specialiter legi dicenti quod non valet renunciatio generalis, promittens tibi super premissis omnibus de evictione. Ego vero Obertus supradictus, considerans liberalita-tem quam erga me in hiis exhibes, Villelme supradicte, in continenti tibi promitto ut supradicta omnia tibi restituam aut heredibus tuis vel fratri tuo Petro, quandocumque aliquis vestrum mihi aut heredibus meis restituerit quater viginti libras supradictas; supradicta autem omnia me observaturum et contra per me aut per aliquem non venturum, ego Villelmus predictus super Dei Evangelia juro tibi Oberto superius nominato. Ego vero Dalphi-nus, comes Vienne et Albonii, supradictos contractus factos super rebus mei dominii laudo, approbo et concedo, et ad majorem etiam horum firmitatem, rogatu dictorum Villelmi et Oberti, feci presentem cartam sigilli mei muni-mine roborari. Acta sunt hec Grationopoli, in curia prioratus Sancti Lau-rentii, testibus presentibus Berillone de Castro Novo, Uguone ecclesie Sancti Andree Grationopolis preposito, Villelmo de Bosco, Eustachio priore Sancti Martini de Miseriaco, Raimondo monacho, magistro Pontio et Villelmo Cornillon. Nos autem Sofredus, Grationopolitane ecclesie episcopus, in cujus presentia facta sunt supradicta, precibus utriusque partis presentem paginam fecimus sigilli nostri munimine communiri : co

1. *Original* parch., avec traces de deux sceaux dont la 1re attache (tresse verte et jaune), aux Archives de l'Isère; au dos : *Litere continentes donationem factam per Villelmum de Avalone dom° Oberto marescalco dom¹ Dalphini de omnibus que habebat a lacu Finenc usque ad pontem Visilie.*

VI

(CARTA CONCESSIONIS GUIGONIS DELPHINI OBERTO AURUCIO MARESCALCO)[1].

8 mars 1244.

ANNo Domini mill'o ducent° quadrag° quarto, indictione secunda, VIIJ. idus marcii, domino Frederico imperatore regnante, in presentia testium infrascriptorum, dominus Guigo delphinus, Vienne et Albonis comes, promisit et juravit, tactis sacrosanctis Evangeliis, pro se et suis heredibus tenere et servare Oberto Aurucio marescalco et ejus heredibus imperpetuum, irrevocabiliter, bona fide donationem et concessionem quam eidem marescalco fecerat, de bastia sita sub foramine Rostain, in loco qui dicitur Cugnz Girauz, cum omni tenemento culto et inculto, superius et inferius inter duas aquas, et cum hominibus etiam ibidem existentibus, et pertinentiis et redditibus pertinentibus ad ipsam bastiam, sicut continetur in literis datis et concessis prefato marescalco ad ipso dom° Guigone delphino; renuncians dictus dom. G. delphinus beneficio minoris etatis, doli et in factum et in integrum restitutionis. Actum apud boscum de les Ayes, in domo dicti marescalci, ubi interfuerunt testes vocati et rogati : Amblardus de Torana, Ysoardetus, Petrus Auruncii, milites, Villelmus Chabous, notarius publicus, Stephanus Rufi, camerarius dicti dom¹ Guigonis delphini.

✝ Ego Petrus Villelmi, notarius sacri palacii, his interfui et hanc cartam rogatus complevi feliciter, et prefatus dom. G. delphinus, ad majorem fidem et firmitatem perpetuo habendam, eandem fecit sui sigilli munimine in testimonium communiri.

1. Original parch., avec trace de sceau pendant sur cordon à double queue, aux archives de l'évêché de Grenoble; au dos: *Non facit pro ecclesia : licet ecclesia non nominatur, potuit fieri ut jus sibi competat alio modo.*

VII

PRO VINEA LANTELMI GAGO X. SOL. DE PLACITO[1].

22 mars 1244.

Anno Domini Mill'o CC° XL. quarto, XI. kalendas aprilis, indicione secunda, dom° Frederico imperatore regnante, in presentia infrascript. testium, dominus Guigo delphinus, Vienne et Albonis comes, dedit et concessit pro investitura mille solidorum Viennens. et pro decem solidis de placito, pro se et suis heredibus seu successoribus imperpetuum Bertrando de Engelas militi et ejus heredibus sive successoribus unam vineam que quondam fuerat Lantelmi Gago, devolutam ad ipsum et ad manum ipsius redactam, sitam apud Corvum in loco ubi dicitur al Roure, juxta vineam de claustro et juxta vineam Lamberti Gago, de qua vinea dictus dom. G. delphinus investivit ipsum Bertrandum et in possessionem posuit et induxit, et eam ipsi B. et ejus heredibus defendere et amparare promisit bona fide de jure ab omni homine et persona; et de investitura dixit et asseruit sibi plene satisfactum fuisse, renuncians.... Pro qua vinea idem B. et ejus heredes debent ipsi dom⁰ G. delphino et ejus successoribus facere et reddere decem solid. de placito sive plaideamento, in mutatione domini et possessoris. Actum apud Grationopolim, in domo Villelmi Grassi, coram domᵃ Beatrice comitissa, matre ipsius domi G. delphini; testes interfuerunt vocati et rogati : dom. Odo Alamandi, dom. Disderius de Cassenatico, dom. Petrus de Morgis, dom. Odo de Rupe, dom. Obertus Anrucius marescalcus, Beto de Pauta, Villelmus de Turre, Vincencius camerarius, Guigo de Saxino, Guigo de Croseto et alii quam plures.

✝ Ego Petrus Villelmi, notarius sacri palacii, hiis interfui et hanc cartam rogatus complevi feliciter, et dom. G. delphinus, ad majorem et meliorem firmitatem perpetuo de predictis habendam, eandem fecit sui sigilli munimine communiri.

1. *Original* parch., avec trace de sceau sur cordon blanc à double queue, aux Archives de l'Isère; au dos ce titre : *Retencio Lantermi Guig.* (!) *de Corvo, de quadam vinea ibidem sita*, et cette note : *De hoc habetur mencio in prima margine compoti Carni anni M CCCC XXX.*

VIII

DONACIO DOMUS FORTIS DE MONTEBONODO FACTA WMO DE RAVENNA[1].

28 novembre 1246.

Noverint universi presentem paginam inspecturi quod Nos Guigo Delphinus, Vienne et Albonis comes, donamus et concedimus per nos et nostros heredes sive successores dilecto et fideli nostro Willelmo de Ravenna et ejus heredibus imperpetuum domum nostram de Monte Bonoldo et châallaniam ejusdem castri et mandamenti, habendam et tenendam ac perpetuo possidendam vel quasi, et mille solidos Viennen. censuales annuatim reddendos et assignandos in hominibus et redditibus nostris ibidem et homines, qui ipsos redditus quos eidem Willelmo assignabimus debent, sibi donamus cum reddicibus mille solid. predict.; de aliis vero redditibus et juribus nostris que ibi preter hec habemus, dict. Willelmus et sui heredes sicut castellani nostri debent nobis et nostris successoribus fideliter respondere. De qua

quidem domo et chaallania dict. Willelmum investimus et in possessionem
inducimus vel quasi, concedentes eidem quod in dicto castro et mandamento et
alibi per totum comitatum nostrum possit acquirere et emere possessiones et
redditus ab omnibus in nostris feudis et dominiis, salvis usagiis nostris.
Ipse vero propter hec nobis fecit homagium ligium et fidelitatem, et in domo
possimus venire et descendere sicut ante consueveramus. Actum apud
Albonem, IIII. kalendas decembris, anno Domini M. CC. XLVI, assistentibus
nobis Aymaro domino de Annonai, Rogerio de Clayriaco domino de Rupe,
Bertrando de Engelas cambarlenco, Guichardo de Condriaco, Soffrido Flota
milite, Audeberto domino de Castro Novo, Guigone de Sancto Donato,
Philipo Chaucipot, Petro Willelmi notario nostro et Nesparron de Bras,
milite et socio dicti W^mi de Ravenna. In cujus rei memoriam presentem
paginam fecimus nostri munimine roborari ad habendam perpetuam firmitatem sigilli.

1. *Original parch., avec trace de sceau sur fils de soie jaune parsemée de rouge,
aux Archives de l'Isère; au dos : Litera continens quod dom. Guigo dalphinus dedit
Wmo de Ravenna domum suam de Montebonodo et chaallaniam ejusdem castri; similis
est ejusdem tenoris. — Expédition du 25 janvier 1260 (n. st.), parch. avec trace de
sceau sur lemnisque, aux mêmes archives; prise sur le précédent, comme le prouve
le mot final sigilli ajouté après coup dans l'original et reproduit à la même place
dans la copie.*

IX

(CONFIRMATIO IMPERIALIS COMITATUS VAPINCENSIS ET EBREDUNENSIS)[1].

Juin 1247.

Fr(edericus), Dei gratia Romanorum imperator semper augustus, Jerusalem
et Sicilie rex. — Benemeritis Cesarem providere fidelibus, si gratie ple-
nitudo suadeat servitiorum, quodammodo gratitudo compellit ut, dum fide-
lium grata remunerantur obsequia, fiant quasi per debitum gratiora. Per
presens itaque privilegium notum facimus universis imperii nostri fidelibus,
tam presentibus quam futuris, quod nos attendentes fidem puram et devo-
tionem sinceram quam Wigo dalphinus, comes Viennensis et Albonensis,
dilectus consanguineus et fidelis noster, erga majestatem nostram habet,
considerantes quoque grata servitia que majestati nostre semper exhibuit et
exhibere poterit in futurum, ad supplicationem suam quam ad exauditionis
gratiam clementer admisimus, comitatum Vapincensem[2] et Ebredunensem,
quem justo emptionis titulo tenere se dicit, ac omnia alia bona sua que in pre-
sentiarum juste tenet et possidet et in antea rationabiliter poterit adipisci,
sibi de nostra gratia confirmamus; de habundantiori quoque gratia nostra,
qua benemeritos fideles nostros clementia nostra prosequi consuevit, allodia

tam in predicto Vapincensi [2] et Ebredunensi quam in Viennensi et Albonensi ac Gratianopolitanensi comitatibus constituta, eidem Wigoni dalphino et heredibus suis, in fide et devotione nostra persistentibus, duximus conce-denda : ut tamen comitatus et allodia supradicta a nobis et imperio teneat et etiam recognoscat, et proinde servire nobis et imperio teneatur. Ad hujus autem confirmationis et concessionis nostre memoriam et robur perpetuo valiturum, presens privilegium fieri et aurea bulla typario nostre majestatis impressa jussimus communiri.

— Datum Lerii [3], anno Dominice Incarnationis M.CC.XL.VII, mense junii, v° indictionis, imperante domino nostro Frederico, Dei gratia invic-tissimo Romanorum imperatore semper augusto, Jerusalem et Sicilie rege, imperii ejus anno XXVII°, regni Jerusalem XXII°, regni vero Sicilie XLIX°, feliciter, amen.

1. Transcription du XIV°-XV° siècle dans le *Cartularium Delphinorum* (Biblioth. impér., ms. lat. 9908), f° xliij (n° 9 de notre *Notice*); à la fin : *Fuit facta collatio de presenti copia cum originalibus litteris, presente magistro Andrea Garcini, comp(uto-rum) auditore.* — Expédition (sur parch.) du 5 novemb. 1511 aux arch. de la Préfect. de l'Isère : « Auditores computorum dalphinalium, consiliarii dalphinales,... notum fieri volumus nos in dict. compotorum camera vidisse, tenuisse et de verbo ad verbum legi fecisse litteras sigillis aureis bullatas in dicta camera existentibus, per in-clite recordacionis Fredericum imperatorem dom. Guigoni, dalphino Viennensi, con-cessas... Quas siquidem litteras, ad supplicacionem et instanciam procuratoris gene-ralis Dalphinatus, pro juribus et interesse dalphinalibus exemplari et transumi fecimus, et... sigillum dict. compotorum present. duximus apponendum. Datum Gracionopoli, die V° mens. novembris, anno Dom. M°V°XI°. Per dict. dominos compotorum : BAU-DET. » — Copie du XVII° siècle (par Du Bouchet) dans le *ms. Cartulaire* de la biblioth. de Sœcousse (n° 5968 du Catal. impr.), f° 37 v°. — Autre du XVIII° dans FONTANIEU, *Hist. de Danph.*, Preuv., t. II, p. 573 (n° 68 de notre *Notice*), d'après laquelle HUILLARD-BRÉHOLLES, *Hist. diplom. Freder. II*, t. VI, p. 542-3. — C'est le n° 115 de l'*Invent.*

2. C *Vapic...* — 3. B *Verii*, C *Lecii*.

X

CARTA PACTI AYMARI DE YSERONE [1].

13 mai 1248.

Ego Aymarus de Cassenatico, dominus de Yserone, promitto per stipu-lationem, ad sancta Dei Evangelia corporali prestito juramento, domino meo Guigoni delphino, Viennensi et Albonensi comiti, sollempniter stipu-lanti juvare ipsum fideliter de guerra virorum nobilium Aymari de Pictavia et Raymondi Berengarii, ac omnium aliorum guerram ei moventium vel facientium, ipsumque et suos reducere et receptare semper et quociescum-que eis placuerit in dicto castro de Yserone, et guerram et placitum facere de ipso castro contra omnes homines toto posse meo et contra predictos nobiles ac quoscumque alios, sine aliquo medio, pro ipso domino meo per terram ac per aquam, et quod cum predictis nobilibus vel aliis de ipsis guerris pacem vel treugam vel aliquod respitum *non* faciam sine ipso domino meo vel ejus expresso mandato. Actum apud Grationopolim, in domo Guigonis Zup, III. idus maii, anno Domini mill'o ducent'o XL.° octavo, presentibus testibus : Rogerio de Clayriaco, domino de Rupe, Amblardo de Torana milite, Borrello de Nerpou, Oliverio Rabastenc, militibus, et Petro Guillelmi notario dom¹ G. delphini. In cujus rei memoriam presentem paginam feci meo sigillo roborari.

1. *Original* parch., avec trace de sceau sur tresse, aux archives de la Préfect. de l'Isère. — Voir les noms à l'*Index*.

XI

CARTA RECOGNICIONIS CASTRI ET VILLA SANCTI ANTHONII DE MOTA¹.

31 mai 1248.

Anno Domini mill'o ducent'o quadrag° octavo, pridie kalendas junii, indictione VIª, domino Innocentio papa IIIIto apud Lugdunum existente, Audebertus dominus de Castro Novo dedit, tradidit et reddidit quicquid habebat, tenebat et possidebat vel quasi in castro et in villa ac in mandamento Sancti Anthonii de Mota, domino Guigoni delphino, Viennensi et Albonis comiti, jure et ratione recognicionis majoris dominii; quo quidem castro et villa atque mandamento habitis et receptis ab ipso dom° G. delphino et ejus banneria superposita, eundem Audebertum de predictis castro, villa et mandamento idem dom. G. delphinus investivit et retinuit in recto et gentili feudo; quod castrum etiam jamdictus Audebertus et ejus successores debent habere et tenere simul cum villa et mandamento ab ipso comite et de ipso castro et villa pro eo et ejus successoribus facere guerram et placitum contra omnes homines quandocumque et quocienscumque fuerint requisiti, et ea debent et tenentur reddere comiti delphino semper in mutatione domini comitatus pro sui dominii recognicione; et si pro servanda honestate sua guerram nollent facere de ipso castro et villa, tunc debent ea reddere prefato comiti delphino qui, finita guerra sua, ea debet eis reddere et restituere absque ulla contradictione et sine deterioratione quinque solidorum facta a suis in castro et villa supradictis. Ceterum idem dom. Guigo delphinus et ejus successores debent et tenentur predictum feudum defendere et manutenere eidem Audeberto ejusque successoribus, ab omnibus quibus parati fuerint per cognicionem curie sue stare et parere juri, promittendo ei nichilominus quod in feudis et dominiis suis nichil possit acquirere absque voluntate ipsius Audeberti, et sicut dictus Audebertus tenetur predictum

castrum dom' G. delphino reddere requisitus pro utilitate sua, sic dictus
dom. delphinus si necesse fuerit ipsi Audeberto illud recipere teneatur. Actum
apud Sanctum Anthonium, in domo Helemosine, presentibus vocatis testibus
et rogatis : Gratapalla et Rogerio, dominis de Clayriaco, Aymaro domino
de Annonay, domino Odone de Rupe, Alamando de Corvo, Amblardo de
Thorana, Oliverio Sancti Mauricii, Borrello de Nerpou, Rabastenc, Berlione
Chapel, Petro Quintel, Falcone de Sancto Georgio, Chaberto de Clayriaco,
Nantelmo Gironclo, militibus, et domino Bertrando de Engelas, cambarlenco, et Petro Guillelmi, notario dom¹ G. delphini, et Guillelmo Texore
atque quam pluribus aliis. In cujus rei memoriam et perpetuam firmitatem
sepedictus Audebertus fecit presentem paginam suo sigillo communiri.

1. *Original* parch., avec trace de sceau sur lacs de soie rouge et jaune, aux archives
de la Préfect. de l'Isère; au dos : *Reg(istrata) est.* — La Motte-Saint-Didier prit du
patriarche des cénobites le nom de Saint-Antoine et devint, à la fin du xiiiᵉ siècle,
une abbaye chef-d'ordre.

XII

IMPERIALE PRIVILEGIUM DE IIIᶜ UNCIIS AURI ANNUALIBUS DATIS DOMᵒ GUIGONI DALPHINO¹.

Novembre 1248.

Fr(edericus), Dei gratia Romanorum imperator semper augustus, Jerusalem et Sicilie rex. Per presens scriptum notum facimus universis imperii
fidelibus, tam presentibus quam futuris, quod nos attendentes devotionis et
fidei pure zelum quem Wigo dalphinus Viennensis, dilectus consanguineus
et fidelis noster, habet erga majestatis nostre personam, considerantes quoque
grata servitia que idem culmini nostro fideliter exhibuit hactenus, exhibet in
presenti et exhibere poterit in antea gratiora, de annuo feudo trecentarum
unciarum auri percipiendarum de camera nostra singulis annis in festo
Resurrectionis Dominice sibi in fide et devotione nostra persistenti, de gratia
nostra duximus providendum. Ad cujus rei memoriam et stabilem firmitatem,
presens scriptum per Nicolaum de Rocca, notarium et fidelem nostrum,
scribi et sigillo majestatis nostre jussimus communiri.

Data Vercellis, per manus magistri Petri de Vinea, imperialis aule pro-
thonotarii et regni Sicilie logothete, anno Dominice Incarnationis millᵒⁱᵒ
ducentᵐᵒ quadragᵐᵒ octavo, mense novembris, septime indictionis.

1. *Vidimus* du 12 décemb. 1356 aux arch. de la Préfect. de l'Isère :
UNIVERSIS... Arnaudus Riperie, licenciatus in legibus, judex major Graysivodani,
fieri per presentes volumus manifestum quod nos vidimus, inspeximus et de
verbo ad verbum legi fecimus coram nobis quandam patentem litteram ab inclite
recordationis et domino dom. Friderico Dei gracia Romanorum imperatore emana-

tam, in pargameno scriptam ejusdemque magestatis sigillo more solito, ut prima facie apparebat, in cora albi coloris inpendenti in filis ciricis coloris rubei communitam.....
Datum sub sigillo dicte curie in civitate Gracionopolitana, die xij mens. decemb., anno a Nativitate Domini M°.CCC°.L°.VI°. — Nos vero Johannes Quiblerii, officialis Grationopol., confitemur et testamur predict. imperialem licteram vidisse et inspexisse; in cujus rei testimonium... sigillum nostre curie duximus apponendum.

Parch. avec traces de 2 sceaux sur cordons vert et jaune; au dos: *Petatur confirmacio.* — Transcription du xiv-xv° siècle dans le *Cartularium Delphinorum* (Biblioth. impér., ms. lat. 9908), f° xv (n° 11 de notre *Notice*). — Autre du xviii° dans FONTANIEU, *Hist. de Dauph.*, Preuv., t. II, p. 581 (n° 79 de notre *Notice*), d'après laquelle HUILLARD-BRÉHOLLES, *Hist. dipl. Freder. II*, t. VI, p. 665-6.

XIII

PRIVILEGIUM QUOD DOM. IMPERATOR DEDIT CAMERARIO DALPHINI XV. UNCIAS AURI QUOLIBET ANNO[1].

Novembre 1248.

Fr(edericus), Dei gratia Romanorum imperator semper augustus, Jerusalem et Sicilie rex. Per presens scriptum notum facimus universis imperii fidelibus tam presentibus quam futuris, quod nos attendentes devotionis et fidei pure zelum quem camerarius Delphini Viennensis, dilecti consanguinei et fidelis nostri, habet erga majestatis nostre personam, considerantes quoque grata servicia que idem camerarius culmini nostro fideliter exhibuit hactenus[2], exhibet in presenti et exhibere poterit in antea graciora, de annuo feudo quindecim unciarum auri percipiendarum de camera nostra singulis annis in festo Resurrectionis Dominice sibi in fide et devotione nostra persistenti, de gratia nostra duximus providendum. Ad cujus rei memoriam et stabilem firmitatem, presens scriptum per Raonet[um] de Capua, notarium et fidelem nostrum, scribi et sigillo majestatis nostre jussimus communiri.

Data Vercellis, per manus magistri Petri de Vinea, imperialis aule protonotarii et regni Sicilie logothete, anno Dominice Incarnationis mill'o ducentesimo quinquagesimo, mense novembris, septime indictionis.

1. *Original* parch. aux arch. de la Préfect. de l'Isère: 11 lig., trace de sceau sur une double queue de soie cramoisie, au repli: *Quindecim*, et au dos (*Reg*)*istrata est.* — Transcription du xiv-xv° siècle dans le *Cartul. Delphinorum* (Bibl. imp., ms. l. 9908), f° xvj (n° 12 de notre *Notice*). — Autre du xviii° dans le V° registre ms. de VALBONNAIS, n° 38 (Caisse de la généralité). — Autre postérieure dans FONTANIEU, *op. cit.*, Preuv. t. II, p. 585 (n° 80 de notre *Notice*), d'après laquelle HUILLARD-BRÉHOLLES, *Hist. dipl. Freder. II*, t. VI, p. 666-7.

2. L'original porte *hatcenus.*

XIV

(CARTA REDDITIONIS CASTRI DE RUPE DE CLEU A SILVIONE DE CLARIACO GUIGONI DALPHINO)[1].

25 juillet 1262.

Anno Domini M°. CC°. LX°. secundo, indictione quinta, die mercurii post festum beate Marie Magdalene, cum dominus Guigo dalphinus, Viennensis et Albonis comes, requisivisset per nuncios suos a dom° Silvione de Clariaco, quod ipse Silvio redderet sibi castrum de Rupe de Cleu, secundum quod in quodam publico instrumento a me Jac. de Tollino not. confecto continetur; dicta die dict. dominus comes transmisit Petrum de Mota et Namtelmum Panerii milites, nomine suo, ad dictum castrum cum dicto dom. Silvione, pro segnoria[2] et dominio quod dictus dom. comes habebat in eodem castro; qui dictus Silvio, propria voluntate et non coactus, dictum castrum de Rupe eisdem militibus reddidit et tradidit, ipsis recipientibus nomine dicti dom[i] comitis et ad opus ipsius.., in signum dominii et jurisdictionis ipsius dom[i] comitis; et in dicto castro dicti milites custodes apposuerunt in turribus et forciis, clavibus sibi traditis a dicto dom° Silvione, et banneriam domini comitis in quadam turre castri apposuerunt. Testes fuerunt vocati et rogati : Aymarus de Alta Villa miles, Petrus de Alta Villa domicellus, Bosetus Pisere[3] et Bonetus filius ejus, Andreas de Ponne[4], Humbertus Quinczonis[5], Petrus Alardi, Guillelmus Alardi et Guigo filius ejus, Johannes Viandi[6], Humbertus Peloudi, Stephanus Viandi, Johannes Giraudi, Johannes Bonivins, Coleudus Magnerii, Guillelmus Brunus. Actum apud castrum de Rupe de Cleu, juxta granarium dom[i] Silvionis, coram supradictis testibus specialiter vocatis et rogatis.

Ego Jacobus de Tollino, publicus notarius, interfui et [7] rogatus a dom° Silvione hanc cartam scripsi et tradidi et signo proprio signavi.

---

1. Deux *originaux* différents aux Archives de la Préfect. de l'Isère. Notre texte a pour base le plus correct, dont copie dans le VII° registre ms. de VALBONNAIS, à l'an 1262 (Caisse de Saint-Marcellin).
2. Var. *signeria.* — 3. V. *Pilete.* — 4. V. *Ponte.* — 5. V. *Quironis.* — 6. V. *Viardi et plures alii. Verumtamen dictus dom. Silvio de Clariaco dixit predictis militibus quod ipse reddebat castrum de Rupe dictis militibus tali modo quod bone paetiones et conventiones que sunt inter dom. Silvionem et dom. comitem Vienne et Albonis sunt salve omni tempore. Actum ap. Rupem de Cleu...* — 7. V. *de mandato et rogatu dict. militum et de voluntate dom[i] Silvionis hanc* (sic) *omnia scripsi...*

XV

TESTAMENTUM DOMINI GUIGONIS DALPHINI[1].

17 juillet 1264.

✝ Premisso venerabili signo sancte Crucis : In nomine Patris et Filii et Spiritus Sancti, amen. Ego Guigo dalphinus, Viennensis et Albonis comes, per Dei gratiam in bono statu mentis et corporis constitutus, testamentum meum per nuncupationem sive ultimam voluntatem meam facio, et de bonis meis ordino et dispono prout in sequentibus declaratur. In primis instituo heredem mihi filiam meam Annam in omnibus bonis meis, exceptis illis que in hac pagina aliis legabo seu mortis causa donabo ; si autem contingeret heredem meam predictam decedere infra pubertatem, quod Deus avertat, substituo ei aliam filiam meam, si haberem eam postumam vel jam natam vel nascituram ; et si contingeret quod uxor mea pregnans sit ad presens vel pariat in futurum et habeat de me legitimum filium, illum heredem instituo in omnibus bonis meis eo modo quod supradixi, qui maritet filiam meam jam predictam prout decet, vel postumam vel nascituram vel nascituras ; si autem contingeret me plures filios habere de legitima uxore mea, primoge-nitum mihi heredem instituo in omnibus bonis meis eo modo quo supra, et alius filius vel alii filii sit clericus vel sint clerici, et cuilibet clerico lego unum castrum cum redditibus valentibus centum marchas, ad vitam ipsorum tantummodo, et in obitu suo possit dare quilibet pro anima sua quinquaginta libras ; si autem filium haberem heredem, ille maritet filiam meam vel filias meas honorabiliter sicut decet ; si autem heredem masculum non haberem, set unicam filiam, illa sit heres ; si autem plures filias habeam, prima sit heres et illa maritet alias vel aliam ; quecumque autem decesserit infra pubertatem, succedat alia et sic de aliis filiabus. Si autem omnes decedant infra pubertatem, substituo eis heredem Hugonem ducem Burgundie, si vixerit, sin autem, majorem filium suum quicumque tunc major etate fuerit ; si autem modo filius ducis Burgundie decederet sine filio legitimo, substituo sibi heredem Johannem fratrem suum si viveret, sin autem, alium filium vel alios filios ducis per ordinem. Sepulturam meam eligo in ciminterio Prati Mollis et lego dicto monasterio, pro III. sacerdotibus ibi tenendis, viginti-quinque libras censuales ; si autem dictos tres sacerdotes non tenerent cum aliis sacerdotibus qui sunt ibi, tunc lego dicto monasterio tantum XX. libras censuales, que XX. libre vel XXV. predicte reddantur et assignentur in mandamento de Visilia per heredem meum. Item lego C. marchas argenti ecclesie Sancti Andree Grationopolis, de quibus emantur redditus censuales qui assignentur II. sacerdotibus qui ibi celebrent pro anima mea et parentum meorum ; et precipio quod ea que reliquit eidem ecclesie pater meus sive mater mea vel matertera mea Margareta vel domina duchissa avia mea que ego non complevero, ab herede meo compleantur plenarie et perfecte. Item lego Fratribus Predicatoribus de Lugduno XXX. libras; item Predicatoribus de Valentia XXX. libras: et rogo ut amniversarium meum faciant annuatim; item Fratribus Minoribus Grationopolis XX. libras; item Fratribus Minoribus de Moyrenco XX. libras; item Fratribus Minoribus de Romanis XX. libras; item Fratribus Minoribus Anoniaci XX. libras; item Fratribus Minoribus de Vienna XX. libras: et rogo ut singulis annis faciant anniversarium meum. Item lego domui Cartusie quinquaginta libras pro II. anniversariis faciendis; item domui Excubiarum XXX. libras; item domui Vallis Sancti Hugonis XXX. libras; item domui Vallis Sancte Marie XXX. libras; item domui de Silva Benedicta XXX. libras; item monasterio Bonarum Vallium XXX. libras : et volo quod omnes supradicti singulis annis faciant anniversarium meum; item monialibus Vallis Brissiaci XXX. libras pro I. aniversario; item domui Marnantis XXX. libras; item monialibus Sancti Pauli XXX. libras pro anniversario; item domui Permenie XXX. libras pro anniversario; item monasterio Sancti Valerii XXV. libras; item prioratui Sancti Anthonii XX. libras pro anniversario; item contractis ejusdem loci volo quod dividantur XV. libre et eis reddantur; item monasterio Sancti Roberti Cornilionis XXV. libras pro anniversario, et volo quod illud quod legavit eis Aymarus de Yseran reddatur eis; item ecclesie Beate Marie Grationopolis L. libras pro anniversario meo acquirendo et faciendo; item monasterio Sancti Laurentii Grationopolis XV. libras pro anniversario; item monasterio Sancti Martini de Miseriaco XV. libras pro anniversario; item monasterio Calesii XX. libras pro anniversario; item sanctimonialibus de Ayis XXX. libras pro anniversario; item monasterio de Domena XXV. libras pro anniversario; item monasterio de Visilia X. libras; item monasterio Vallis Navigii X. libras; item domui leprosarum de Levata X. libras; item monasterio de Conessa X. libras pro anniversario; item monasterio de Mura XV. libras pro anniversario; item monasterio Ulciensi quinquaginta libras pro II. anniversariis; item domui helemosine de Mura C. solidos; item hospitali de Ponte Quarali X. libras, et dono eidem atque remitto census quos pro suis terris mihi faciebat; item monasterio Belli Montis XV. libras pro anniversario; item monasterio de Garda X. libras; item monasterio Sancti Laurentii de Lacu X. libras pro anniversario; item sanctimonialibus de Commers XV. libras pro anniversario; item monasterio de Comerio XV. libras pro anniversario; item monasterio de Vorapio X. libras pro anniversario; item monasterio Sancti Johannis Grationopolis X. libras pro anniversario; item domui helemosine Grationopolis X. libras et dividantur pauperibus manuatim; item domui helemosine de Plantatis X. libras; item mulieribus penitentibus Grationopolis XX. libras; item hospitali Jherosolimitano L. libras et equum meum et arma corporis mei atque equi; item domui milicie Templi ejusdem loci L. libras; item hospitali Vallis Bonesii X. libras pro anniversario; item monasterio Sancti Michaelis de Clusa XX. libras pro anniversario; item monasterio de Synardo X. libras pro anniversario; item domui hospitalis de Visilia C. solidos; item monasterio Sancti Donati XX. libras pro anniversario; item sanctimonialibus de Bitumine XXV. libras pro anniversario; item monasterio de Vivo X. libras pro anniversario. Item do lego V. solidos unicuique sacerdotum qui intererunt sepulture mee; item do lego V. solidos unicuique sacerdotum qui intererunt synodo Grationopolis proxime post obitum meum. Item sexaginta domibus leprosorum comitatus mei, unicuique lego V. solidos. Item volo et precipio quod helemosina generalis fiat pro me Grationopolis, in qua cuilibet pauperi ibi venienti III. denarii erogentur; item id iddem et eodem modo fiat apud Visiliam et apud Muram. Item precipio ut ab herede meo annuatim usque ad quinque annos fiant XXX. tunice Fratribus Predicatoribus et totidem Fratribus Minoribus et LXᵃ aliis pauperibus. Item precipio quod XX. virginibus pauperibus maritandis cuilibet de meo X. libre dentur in dotem atque plenarie persolvantur. Item precipio XL. calices argenti fieri, quorum quilibet sit marche argenti, et dentur pauperibus ecclesiis ubi non sit calix de argento. Item volo et precipio quod ultra mare pro remedio anime mee transmittantur X. milites ab herede meo et cuilibet ipsorum dentur C. libre pro expensis. Item volo et precipio quod Beatrix uxor mea sit tutrix filie mee Anne sive liberorum meorum, et regat et gubernet eam vel eos et totam terram meam et comitatum meum, cum consilio tamen et assensu ac voluntate domini Hugonis ducis Burgundie vel filii sui primi si predictus Hugo non superviveret, et debita et clamores et legata et helemosinas meas reddat et pacificet, et testamentum patris mei et matris mee et amicte mee condam comitisse Sabaudie plenarie compleat et attendat infra V. annos post obitum meum proxime numerandos; predictam vero tutelam et administrationem rerum mearum dicta uxor mea habeat quamdiu sine marito erit et religionem non intraverit : si autem contingeret ipsam nubere vel religionem intrare, concedo et do tutelam filie mee Anne vel liberorum meorum et administrationem bonorum meorum predicto Hugoni duci Burgundie vel filio suo primogenito si ipse non superviveret, qui omnia supradicta universa et singula infra predictum tempus adimplere teneatur. Item volo et precipio quod si predicta B. uxor mea cum liberis meis morari noluerit, predictus Hugo dux Burgundie vel filius suus primogenitus assignet sibi in terra mea mille libras censuales ad vitam suam percipiendas, et castra sibi adsignet in quibus predictas mille libras censuales percipiat, que tamen castra non sint in esponderiis terre mee; volo tamen et precipio quod predicte M. libre cens. et castra post obitum predicte B. uxoris mee ad heredem meum integre et sine contradictione revertantur. Item volo et precipio quod per exsecutores meos quos inferius nominabo tota mea familia honorifice de bonis meis mobilibus remu-

neretur. Super predictis autem universis et singulis observandis et adimplen-
dis infra tempus quinquennii honero predictam uxorem meam et heredem
meum vel heredes meos et illum qui tutelam et administrationem bonorum
meorum haberet, et super exsequendis premissis ordino et constituo venera-
biles patres meos et dominos archiepiscopum Viennensem et episcopum Gra-
tionopolitanum exsecutores et pro anima mea commissarios, quibus in dicta
exsecutione adjungo prepositum ecclesie Sancti Andree Grationopolis, rogans
et supplicans eisdem ut ad utilitatem comitatus mei et in salutem anime mee
istud honus debeant suscipere et hec omnia fideliter adimplere. Item volo et
precipio quod hoc testamentum nuncupativum littura vel transpositura dic-
tionis vel emendatura sive cancellatura in modo aliquo alio non valeat reprobari,
sed firmum maneat atque stabile quoad heredis institutionem et substitutio-
nem vel substitutiones et quoad omnia alia supradicta, nisi per codicillum
vel codicillos aliqua ex predictis contingeret me mutare vel addere sive emen-
dare. Supradicta valere volo jure testamenti noncupativi, quo jure si valere
non poterunt vel valebunt, volo ut valeant jure codicillorum vel jure cujuslibet
alterius ultime voluntatis; et si aliquam aliam ultimam voluntatem ordinavi,
illam retracto, revoco et enervo. Illud autem quod superius dixi de filia mea
maritanda vel filiabus meis maritandis ab herede mea vel ab herede meo, in-
telligo et volo et precipio quod quelibet illarum que maritaretur habeat in
dotem tria milia marcharum argenti, et in hiis ipsam vel ipsas heredem vel
heredes mihi instituo et de hiis volo ipsam vel ipsas contentari vel contentas
esse. Anna tamen, si contingeret ipsam maritari a fratre suo filio meo legitimo,
volo quod habeat in dotem quatuor milia marcharum argenti, et in hiis ipsam
in heredem tunc instituo et volo quod de hiis sit tunc contenta. Actum apud
Bellum Visum, anno Domini M°. CC°. LXIIIJ°, XVJ. kalendas augusti, in
domo mea.

Ego Guigo dalphinus, Viennensis et Albonis comes, hoc testamentum feci
et vocavi testes infra scriptos ut super hoc ferrent testimonium, et rogavi ut
sigilla sua apponerent nominaque sua scriberent seu scribi facerent, et rogavi
Stephanum scriptorem meum quod pro me scriberet.

Ego Guillelmus, prepositus Sancti Andree Grationopolis, huic testamento
fui vocatus et rogatus testis, et subscribi feci et sigillo meo sigillavi et
signum posui V.

Ego Girinus de Condriaco, miles, huic testamento interfui testis vocatus
et rogatus, et subscribi feci et sigillo meo sigillavi.

Ego Raymundus de Torent, miles, huic testamento interfui vocatus et
rogatus testis, et subscribi feci et sigillo meo sigillavi.

Ego Arnulphus de Anoniaco, miles, huic testamento interfui vocatus et
rogatus testis, et subscribi feci et sigillo meo sigillavi.

Ego Guillelmus Sybueus, miles, junior huic testamento interfui vocatus et
rogatus testis, et subscribi feci et sigillo meo sigillavi.

Ego magister Gilbertus de Chaelons, medicus domine comitisse, huic testamento interfui vocatus et rogatus testis, et subscribi feci et sigillo meo sigillavi.

Ego Thomas, cappellanus domine comitisse, huic testamento interfui vocatus et rogatus testis, et subscribi feci et sigillo meo sigillavi.

1. *Original* en vélin, communiqué par M. P.-É. Giraud, coté *Lictera tercia—generalis*, n° 35; le texte a 30 lig. 1/4, non compris les attestations des témoins qui sont inscrites sur le dos, les cinq premières dans le sens de la hauteur, les trois autres dans celui de la largeur. L'acte porte la trace de 32 sceaux disposés sur ses quatre côtés : 10 en haut et en bas, 6 à droite et à gauche; leur présence ne saurait être mise en doute, car il reste l'attache de parchemin d'un sceau qui ne correspond à aucune signature et en outre la plupart portent la trace d'une incision destinée à les enlever. Au XIVe siècle on a écrit au dos : *Non contempnatur*, avec cette note : « Dictus dom. Dalphinus fecit post dictum testamentum aliud testamentatum, et de legatis factis in ipso testamento ultimo domui Prati Mollis dicta domus habuit aceptamentum, ut declaratur in camera Dalphin. computorum per producta in cadem pro parte dicte domus. » Le testament postérieur de Guigues VII, auquel cette note fait allusion, est daté du 27 juin 1267; il a été publié en 1721 par le président VALBONNAIS, *Hist. de Dauph.*, t. II, p. 3-9 (Bréquigny, VI, 511), et en 1856 par M. WURSTEMBERGER, *Peter der zweite*, t. IV, p. 407 (Rég. genevois, 1015); il n'en était pas moins utile à tout point de vue de mettre au jour le premier qui, à notre connaissance, n'a jamais été signalé. Il sert à prouver qu'à la date du 17 juil. 1264 le dauphin Jean Ier n'était pas né; ce prince n'avait donc pas atteint sa 18e année quand il mourut, à Bonneville, le 24 septembre 1282 (*Rég. genevois*, 1184), ayant fait, le 21, un testament très-succinct dont nous avons retrouvé l'original et qui paraîtra parmi les documents joints à l'*Histoire de Savoie* de M. V. DE SAINT-GENIS.

XVI

(SALVAGARDIA BEATRICIS COMITISSE PRO DOMO BISCODUNI)[1].

5 octobre 1272.

Nos B(eatrix), Vienne et Albonis comitissa ac domina Fucigniaci, notum facimus universis presentem litteram inspecturis seu etiam audituris quod nos, circunspecto et considerato affectu dilectionis sincere quam inclite recordacionis dominus G(uigo) delphinus, vir noster karissimus, quoad vixit erga piam et religiosam domum de Biscondono habuit, ipsam domum cum rebus suis universis et hominibus dicte domus cum bonis eorundem, pro nobis et liberis nostris quorum tutelam gerimus accipimus, et tenere volumus in sincera, salva et secura protectione sive garda ; precipientes districte ballivo et judici ceterisque bajulis nostris de Vapincesio et de Ebredunesio, qui nunc sunt vel pro tempore fuerint, ut dictam domum cum rebus suis omnibus, hominibus, bonis et juribus eorundem, tanquam personam nostram et res nostras proprias, ad jus et justiciam manuteneant, protegant, custodiant et deffendant; protestantes etiam, si quis temerarius violator ausu nephario, quod absit, contra hujusmodi protectionem seu gardam in aliquo venire presumpserit, statim iram et indignationem nostram se sentiat incursurum. In cujus rei testimonium et· ad majorem rei constantiam, presenti littere sigillum nostrum duximus apponendum. Datum Visilie, die mercurii post festum sancti Michaelis, anno Domini M⁺. CC⁰. LXX⁰. secundo.

1. Transcription du xviiᵉ siècle à la biblioth. de Carpentras (Mss. Peiresc, reg. LXXVI, t. I, p. 435), avec cette note : « Membranæ ex loris adpensa sigilli fragmenta, in cujus altera parte clypeus in quo delphin cernitur, in altera castrum tribus turribus fastigiatum, deficiente inscriptione, » — Voir, sur l'abbaye de Boscodon ou Bodon (Hautes-Alpes), la *Notice* de M. l'abbé Isnard (*Bull. de la Soc. d'arch. de la Drôme*).

APPENDICE

A L'Inventaire des Archives des Dauphins en 1277.

—

Cité par Valbonnais (*Hist. de Dauph.*, t. II, p. 622 a) et mentionné par M. Pilot dans sa Notice sur les séries A et B des archives départementales de l'Isère (*Inventaire-Sommaire*, p. 22-3), ce document avait été transcrit en 1346 à la fin de l'Inventaire des titres du Graisivaudan qui fut fait à cette époque. Il occupe les ff. Cvj-VIxxxj rᵉ du *Registrum instrumentorum et literarum Graysivaudani* †, sous ce titre : « Copia cujusdam rotuli pergamenei continentis inventarium quorumdam instrumentorum repertorum in armario retro altare Sancti Andree, que nunc debent esse in archivis domini ». Bien que cette transcription ne témoigne pas de beaucoup d'intelligence de la part du copiste, nous avons cru devoir y noter les variantes qui suivent : ll. 2 *sexta*, 5 *li. et pr. in.*, 9 etc. *Beatrisie Vienn. et Albon*; nn. 2 *feudi*, 3 *Montclous* (Montclus, c. de Serres, H.-A.), 4 etc. *Guigonis dalph.*, 5 *recognicionum*, 6 *Mellone*, 8 *Petri de P.*, 9 *Lant..*, *Avanczone*, 12 *Reynaudo de Mellone*, 16 *de Moyr.*, 18 *Argen.*, *Annonaco*, 20 *Humb.*, *Guarda*, 21 *Saix.*, 23 *Guigo de B. et a filiis suis*, 25 *sed*, 26 *domini*, 27 *Rayc.*, 28 *omit. recognitionis*, etc. *Vapin.*, 29 *Ba. et Ri.*, 33 *Ancel.*, 36 *Carieria*, 38 *Lantel. de Pe.*, 41 etc. *Ruppe*, 46 *Tervie*, 47 *Disd.*, 50 *Rusfisllo*, 55 *Amlio*, 65 *tresc.*, 71 *de Verchi*, 72 *Autrav.*, 75 *Beat.*, 76 *Mancier*, 79 etc. *Cassan.*, *Rav.*, 80 *abbassia*, 81 *h. q. h.*, 86 *Pamier*, 88 *Betz.*, 91 *Lenczo de Ponte*, 93 etc. *Russill.*, 100 *segn.*, 122 *Vil.*, 124 etc. *dalphinum*, 125 *Motalmo*, *Brossio*, 126 etc. *Eym.*, 132 *L. de Camb.*, 137 *Silvionis*, 138 *habitar.*, 141 *Mont Jay*, 160 *Bocone*, 161 *Andream*, 166 *Ober.*, 179 *Oses*, 183 *treugue*, 188 *Vᵉ*, 193 *Alam.*, 206 *Canp.*, 211 *Gal.*, 213 *Montalis*, 215 *gardia*, 220 *Petrum A.*, 223 *Faraus*, 215 *Aynardi*, 226 *Petri Y.*, 244 *Curesii*, 247 *Berengarii*, 252 *Mantallia*, 259 *juramenti, licgius,* 264 *Johannis Lumb.,* 274 *Oley,* 276 *recipiendum,* 278 *Vacil.,* 283 *hom.,* 290 *actitatis, Lumb.,* l. 4 *gardiani Fratrum.* — L'original, non moins que la copie, se trouve surchargé de notes marginales qui ont pour objet de reproduire en évidence les noms des localités que concernent les articles principaux ; nous ne reproduirons que celle-ci (n° 33) : *Vallis Sancti Stephani in terra Domene.* La transcription de 1346 en offre un plus grand nombre dignes d'être notées : I *Instrumenta feudorum,* 2 *Videatur,* 13 — *pro recognicionibus Avalonis et Alavardi,* 24 *De castro Intermoncium quod movetur a domino,* 30 *Recognicio feudi domini de Amaysino,* 34 *No de reduccione domus episcopalis sede vaccante, vide superius magis late,* 51 *Yllini;* II *Instrumenta aquisimentorum, empcionum, permutationum, donationum et aliis causis;* III *Litere privilegiorum;* IV *De composicionibus et pactionibus,* 125 *Cast. de Spina et de Sorb.,* 126 *Valentinesii comitatus, videantur,* 134 *Noa si sit de facto archiepisc. Lugdun.,* 139 et 150 *Vapinci, vid.,* 142 *Acquisitio castri de B. V. in Royanis,* 156 *Videatur, quia de facto archiep. Lugdun.,* 165 *Uriatici et Visilie, perquiratur, superius est magis ad plenum fol.* IIIIxxxj, 173 *Tullini,* 206 *Infeudacio castri de Campo,* 278 *Vatilliaci et de Armef, videatur quoniam dicitur quod locus de Armef (et de Vatilef) non tenetur a domino,* 283 *Cassenatici.* — Signalons en terminant « gratifications » imprimé par erreur (p. 4, l. 20) pour « ratifications ».

www.ingramcontent.com/pod-product-compliance
Lightning Source LLC
LaVergne TN
LVHW022205080426
835511LV00008B/1588